DIE SEIDEN-STRASSEN

Für Katarina, Flora, Francis und Luke, in Liebe

P. F.

Für Judy und John, meine Eltern

N. P.

Deutsche Erstausgabe
Veröffentlicht im Rowohlt Taschenbuch Verlag, Reinbek bei Hamburg, Oktober 2018

Übersetzung der Karten auf den Seiten 38/39 und 70/71 Hans Freundl
Lektorat Christiane Steen
Die englische Originalausgabe erschien 2018 unter dem Titel
«The Silk Roads. A New History of the World» bei Bloomsbury Children's Books, London

Einbandgestaltung any.way, Barbara Hanke/Cordula Schmidt, nach der
Originalausgabe von Bloomsbury Children's Books, London
Einbandillustration Neil Packer
Druck und Bindung Replika Press Pvt Ltd, Indien
ISBN 978 3 499 21827 9

PETER
FRANKOPAN

DIE SEIDEN-STRASSEN

Eine Weltgeschichte für Kinder

Illustriert von

NEIL PACKER

Aus dem Englischen
von Norbert Juraschitz

ROWOHLT TASCHENBUCH VERLAG

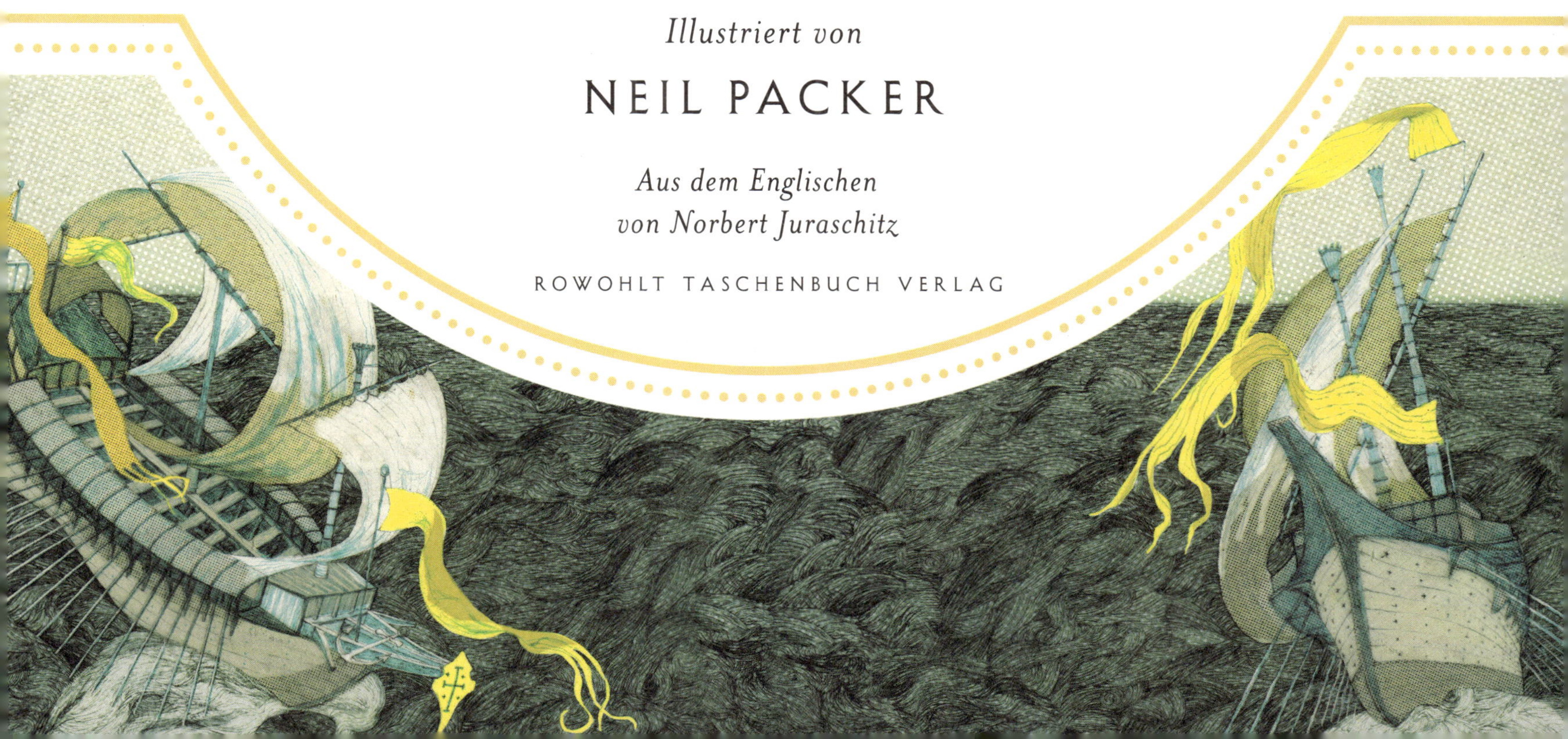

Inhalt

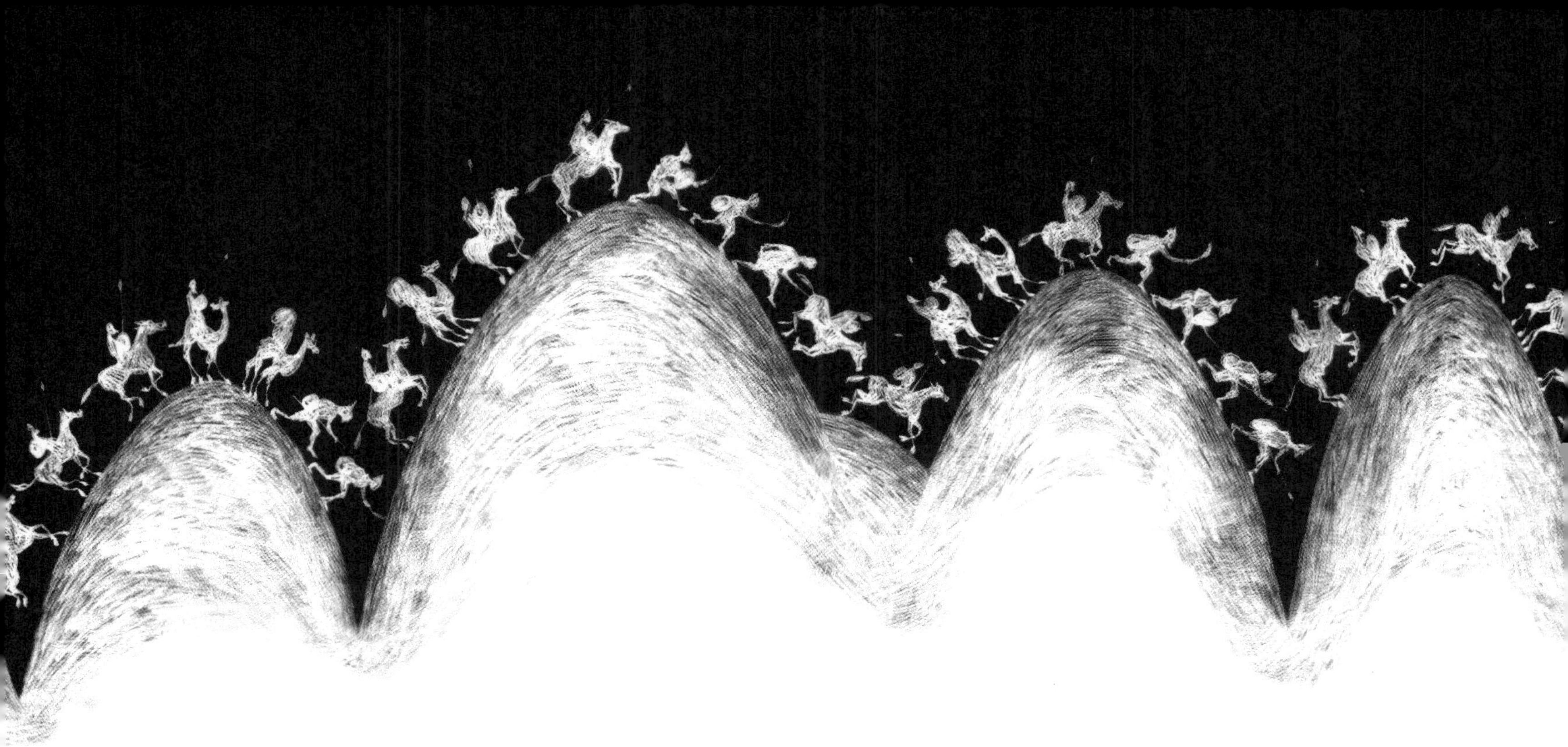

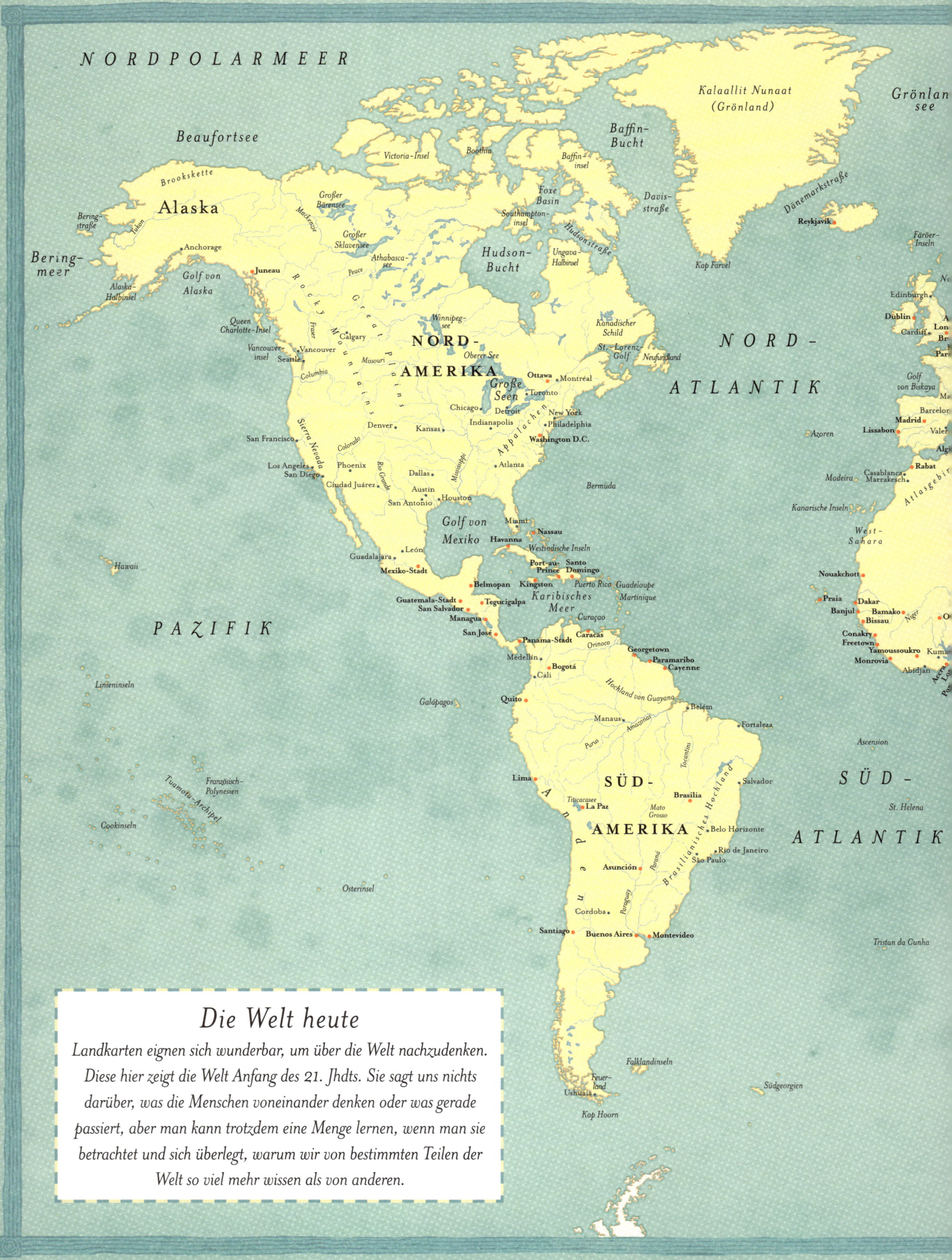

Die Welt heute

Landkarten eignen sich wunderbar, um über die Welt nachzudenken. Diese hier zeigt die Welt Anfang des 21. Jhdts. Sie sagt uns nichts darüber, was die Menschen voneinander denken oder was gerade passiert, aber man kann trotzdem eine Menge lernen, wenn man sie betrachtet und sich überlegt, warum wir von bestimmten Teilen der Welt so viel mehr wissen als von anderen.

NORDPOLARMEER
Laptewsee
Karasee
Ostsibirische See
Barents-
see
Nowaja
Semlja
Nordkap
Tschuktschen-
see
Murmansk
Lappland
Weißes Meer
Pechora
West-
sibirisches
Tiefland
Zentral-
sibirisches
Plateau
Werchojansker Gebirge
Tscherskigebirge
Kolyma-
Tiefland
Jukagiren-
plateau
Anadyrgebirge
Kolymagebirge
Korjakengebirge
Beringmeer
Kamtschatka
Lena
Jenissei
Ob
Ural
Angara
Helsinki
Tallinn
St. Petersburg
Ladogasee
Riga
Vilnius
Minsk
Moskau
Nischni
Nowgorod
Perm
Jekaterinburg
Kasan
Uljanowsk
Ufa
Tscheljabinsk
Omsk
Tomsk
Krasnojarsk
Kemerowo
Nowosibirsk
Samara
Woronesch
Saratow
Orenburg
Astana
Karaganda
Irkutsk
Baikalsee
Stanowoigebirge
Ochotskisches
Meer
Sachalin
Kurilen
Ostsee
ROPA
Warschau
Breslau
Lwiw
Kiew
Prag
Bratislava
Budapest
Chișinău
Odessa
Zagreb
Belgrad
Bukarest
Sarajevo
Pristina
Sofia
Skopje
Tirana
Thessaloniki
Istanbul
Ankara
Athen
Rostow am Don
Wolgograd
Asowsches
Meer
Krasnodar
Astrachan
Schwarzes Meer
Kaukasus
Tiflis
Eriwan
Baku
Kaspisches Meer
Aralsee
Balchaschsee
Dsungarei
Urumtschi
Almaty
Bischkek
Schymkent
Taschkent
Namangan
Andijon
Osch
Samarkand
Buchara
Duschanbe
Aschgabat
Kaschgar
Tien Shan
Altaigebirge
Wüste
Gobi
ASIEN
Ulaanbaatar
Großes Hinggan-
Gebirge
Amur
Chabarowsk
Mandschurei
Harbin
Wladiwostok
Hokkaido
Innere Mongolei
Shenyang
Peking
Tientsin
Pjöngjang
Japanisches
Meer
Honshu
Seoul
Incheon
Qingdao
Daegu
Busan
Kyoto
Kobe
Osaka
Nagoya
Tokio
Kyūshū
Jinan
Huang He
Gelbes
Meer
Zhengzhou
Xi'an
Nanjing
Suzhou
Shanghai
Hangzhou
Wuhan
Chendu
Chongqing
Jangtsekiang
Changsha
Wenzhou
Yiwu
Ost-
chin.
Meer
Ryūkyū-
inseln
Quanzhou
Taipeh
Xiamen
Shantou
Dongguan
Guangzhou
Shenzhen
Kunming
Hanoi
Haiphong
Hainan
Vientiane
PAZIFIK
Philippinen-
see
Nördliche
Marianen
Luzon
Caloocan
Quezon-Stadt
Manila
Süd-
chinesisches
Meer
Cebu
Mindanao
Davao
Zamboanga
Karolinen
Taurus
Mossul
Arbil
Kirkuk
Aleppo
Täbris
Teheran
Maschad
Herat
Kabul
Dschalalabad
Peschawar
Islamabad
Rawalpindi
Hindu Kush
Kunlun Shan
Altun Shan
Qilian Shan
Tibet
Himalaya
Lahore
Amritsar
Faisalabad
Multan
Kandahar
Quetta
Neu-
Delhi
Kathmandu
Thimphu
Agra
Jaipur
Lucknow
Kanpur
Varanasi
Patna
Ganges
Hyderabad
Karatschi
Ahmadabad
Surat
Nagpur
Kalkutta
Khulna
Dhaka
Chittagong
Mandalay
Mekong
Naypyidaw
Irrawaddydelta
Rangun
Mumbai
Pune
Hyderabad
Westghats
Ostghats
Golf von
Bengalen
Arabisches
Meer
Bengaluru
Chennai
Madurai
Lakshadweep
Colombo
Andamanen
Nikobaren
Bangkok
Golf
von
Thailand
Phnom Penh
Ho-Chi-Minh-Stadt
Kreta
Beirut
Damaskus
Bagdad
Isfahan
Tel Aviv
Amman
Jerusalem
Basra
Schiras
Kuwait
Persischer
Golf
Doha
Dubai
Abu Dhabi
Maskat
Riad
Bengasi
Alexandria
Kairo
Giseh
Port
Said
Libysche Wüste
Nassersee
Rotes Meer
Dschidda
Mekka
Rub al-Chali
Tibesti
Nil
Khartum
Asmara
Sana
Golf von
Aden
Sokotra
Tschadsee
N'Djamena
AFRIKA
Addis Abeba
Äthiopisches
Hochland
Turkanasee
Bangui
Juba
Uelle
Mogadischu
Kampala
Viktoriasee
Nairobi
Kongo
Kigali
Bujumbura
Mombasa
Kinshasa
Tanganjikasee
Dodoma
Lubumbashi
Nyasasee
(Malawisee)
Huambo
Lilongwe
Lusaka
Karibasee
Sambesi
Harare
Antananarivo
Réunion
Kalahari-
wüste
Tshwane
(Pretoria)
Limpopo
Gaborone
Maputo
Johannesburg
Mbabane
Orange
Maseru
Durban
Kapstadt
Kap
Agulhas
Chagos-
Archipel
INDISCHER
OZEAN
Medan
Straße von Malakka
Kuala Lumpur
Singapur
Sumatra
Palembang
Bandar Seri
Begawan
Sarawak
Borneo
Celebes-
see
Celebes
(Sulawesi)
Halmahera
Molukken
Doberai-
Halbinsel
West-
Papua
Neuguinea
Bismarck-
Archipel
Neu-
Britannien
Melanesien
Tangerang
Jakarta
Depok
Bekasi
Bandung
Javasee
Semarang
Surabaya
Java
Bandar-
see
Dili
Timorsee
Arafura-
see
Torres-Straße
Port Moresby
Honiara
Darwin
Cairns
Großes Barriereriff
Korallen-
meer
Port Vila
Suva
Neu-
kaledonien
Nordwestkap
Große Sandwüste
Gibsonwüste
AUSTRALIEN
Große Victoria-
wüste
Eyresee-
Becken
Brisbane
Australisches Bergland
Perth
Kap Leeuwin
Große
Australische
Bucht
Adelaide
Murray
Sydney
Canberra
Melbourne
Bass-
straße
Tasmansee
Tasmanien
Hobart
Nordinsel
Auckland
Wellington
Christchurch
Südinsel
Kerguelen
SÜDPOLARMEER
ANTARKTIS

Einleitung

In meinem Kinderzimmer hing eine Weltkarte an der Wand. Als kleiner Junge habe ich sie mir jeden Morgen nach dem Aufwachen und jeden Abend vor dem Schlafengehen genau angesehen. Ich staunte über die Größe der Kontinente und der Ozeane, betrachtete die Lage der Gebirgsketten, Wüsten und Flüsse und versuchte, die Namen aller Länder und ihrer Hauptstädte auswendig zu lernen.

In der Schule erfuhr ich viel über die Geschichte und Geographie des Landes und Kontinents, auf dem ich lebte, über Großbritannien und Europa. Aber wenn ich mit meinen Eltern sprach, ging es oft um Dinge in fernen Ländern, von denen ich keine Ahnung hatte. In vielen Teilen der Welt kämpften die Menschen gegeneinander – und mir wollte nicht in den Kopf, warum. Orte veränderten sich, manchmal zum Guten, manchmal zum Schlechten. Wenn ich die Nachrichten hörte, wurde mir klar, dass Millionen von Menschenleben davon betroffen waren.

Wir erforschen die Geschichte, um die Vergangenheit zu verstehen, aber auch, um die Gegenwart ein Stück weit zu erklären. Geschichte ist ein bisschen so, als würde man seine eigenen Fußspuren zurückgehen, um herauszufinden, warum man einen bestimmten Weg eingeschlagen hat, um dorthin zu kommen, wo man jetzt steht. Es ist spannend, sich die eigenen Abzweigungen oder Schritte anzuschauen, aber es kann auch sehr aufschlussreich sein, die Reise als Ganzes zu betrachten.

Wenn ich die Weltkarte an meiner Wand ansah, wollte ich etwas über Russland herausfinden, dessen Führer damals Atomwaffen bauten. Diese Waffen waren direkt auf Ziele gerichtet, die gar nicht weit von meiner Schule lagen. Ich wollte etwas über den Nahen Osten erfahren, wo gefühlt fast jeden Tag ein Terroranschlag verübt wurde, der aber auch, wie ich feststellte, der Ursprung vieler Religionen war. Ich wollte etwas über China, Iran und Südasien erfahren – Orte, die nicht nur die Größe von Weltreichen besaßen, sondern die Vergangenheit beherrscht hatten und allem Anschein nach auch in der heutigen Welt eine große Rolle spielen. Ich wollte etwas über die Menschen, Geschichte, Landschaft und Kultur Afrikas erfahren und verstehen, ob es Ähnlichkeiten und Unterschiede zwischen den verschiedenen Teilen des Kontinents gab.

In der Schule bekam ich dazu allerdings nie die Gelegenheit. Stattdessen wurde mir viel über Heinrich VIII. und seine sechs Frauen beigebracht (geschieden, geköpft, gestorben, geschieden, geköpft, überlebt – in dieser Reihenfolge). Ich wünschte mir ein Buch, das mir etwas über all die anderen Orte erzählen konnte. Ich wollte verstehen, wie alles zusammenhing. Warum sollte es zum Beispiel zwischen der Ankunft der Römer auf den Britischen Inseln und der Schlacht von Hastings – tausend Jahre später – nichts Interessantes geben?

Darum fasste ich irgendwann den Entschluss, mein Leben damit zu verbringen, über Geschichte zu lesen und zu schreiben und nach den Verbindungen zu suchen, die einem die Vergangenheit besser erklären, als man sie mir als Kind beigebracht hatte. Dabei haben mir einige Gelehrte und Schriftsteller sehr geholfen; viele von ihnen lebten vor Hunderten und – in manchen Fällen – Tausenden von Jahren. Eine sehr wichtige Person war ein Mann namens Ferdinand von Richthofen (sein Neffe wurde im Ersten Weltkrieg ein berühmter Kampfpilot, der als der «Rote Baron» gefürchtet war). Er grübelte lange darüber nach, wie man die Route, die Asien, Europa und Afrika miteinander verband, nennen könnte. Er hätte den Namen irgendeiner der unzähligen Waren wählen können, die über Tausende von Kilometern transportiert wurden, etwa Gewürze oder Porzellan; er hätte etwas aussuchen können, das mit Sprachen, Reisen oder Biologie zu tun hat. Doch er entschied sich für einen Begriff, der die Phantasie anderer Gelehrter anregte – einen Namen, der sich bis heute gehalten hat: die Seidenstraßen.

Die Seidenstraßen haben weder einen Anfang noch ein Ende, weil sie eigentlich gar keine richtigen Straßen sind. Sie sind ein Netz von Wegen, die es ermöglichten, dass Waren, Menschen und Ideen, aber auch Krankheiten und Gewalt von Ost nach West und von West nach Ost strömen konnten – von der Pazifikküste Chinas und Russlands bis an die Atlantikküste Europas und Afrikas und sogar von Skandinavien im Norden bis an den Indischen Ozean im Süden. Man kann sich die Seidenstraßen als das zentrale Nervensystem der Welt vorstellen, das sämtliche Organe des Körpers miteinander verbindet, oder vielleicht als Venen und Arterien, die Sauerstoff und Kohlendioxid vom Herzen weg und zu ihm hin pumpen. Um den menschlichen Körper zu verstehen, muss man unter die Haut schauen, und man muss auch verstehen, wie der Körper insgesamt funktioniert, statt nur einen Teil davon zu betrachten.

In diesem Buch werden wir Orte aufsuchen, von denen du vielleicht noch nie gehört hast. Manche sind inzwischen von der Erdoberfläche verschwunden: Merw im heutigen Turkmenistan war früher so groß und schön, dass man es «die Mutter der Welt» nannte. Die prachtvolle Stadt wurde vor achthundert Jahren bei Kämpfen zerstört und hat sich davon nie wieder erholt.

Andere Orte haben sich verändert. Kabul ist heute als Hauptstadt des vom Krieg zerrissenen Afghanistans bekannt. Aber vor fünfhundert Jahren hatte die Stadt Gärten, die noch in Hunderten und sogar Tausenden Kilometern Entfernung berühmt waren. Mossul im Irak ist eine Stadt, die vor kurzem von der Terrororganisation «Islamischer Staat» verwüstet wurde, die den Bewohnern unsägliches Leid zufügte. Sie dienten den Kämpfern sogar als menschliche Schutzschilde. Doch vor rund eintausend Jahren war die Stadt berühmt für ihre prächtigen, öffentlichen Gebäude, ihre Badehäuser und ihre Handwerker, die einige der schönsten Pfeile, Sättel und Steigbügel auf der ganzen Welt anfertigten.

Manche Leute wollen uns weismachen, dass wir momentan eine schwierige Zeit durchmachen. Und manchmal mag es einem tatsächlich so vorkommen. Doch in Wahrheit erleben wir gerade die schönste aller Zeiten – jemals. Reisen ist nie einfacher gewesen: Man kann schneller vom einen Ende der Welt ans andere gelangen als sämtliche unserer Vorfahren. Es hat unglaubliche Verbesserungen in der Gesundheitsversorgung gegeben, was zum Beispiel die Überlebenschancen von Müttern und Neugeborenen angeht oder den Zugang zu sauberem Trinkwasser. Diese Veränderungen bedeuten, dass Kinder auf der ganzen Welt bessere Chancen als ihre Eltern und Großeltern haben, gesund aufzuwachsen.

Die Voraussetzungen dafür, dass Kinder Lesen und Schreiben lernen, sind heute ebenfalls viel besser als in der Vergangenheit. Wir können schneller und weit billiger als jede Generation vor uns Dinge herausfinden. Wir können uns heute so frei wie nie bewegen, lernen und leben. Es mag uns nicht so vorkommen, als hätten wir Superkräfte. Doch in Wirklichkeit haben wir sie.

Mit der Karte in meinem Kinderzimmer habe ich vor all den Jahren eine lange Reise angetreten.

Heute schaue ich mir immer noch gerne Landkarten an, staune über Orte, von denen ich kaum etwas weiß, und versuche, mehr über sie zu erfahren. Ich hoffe sehr, dass wir alle dazu imstande sind.

Um die Welt von heute und morgen zu verstehen, muss man die Welt von gestern verstehen.

Und dazu fängt man am besten beim Anfang an: bei den Seidenstraßen.

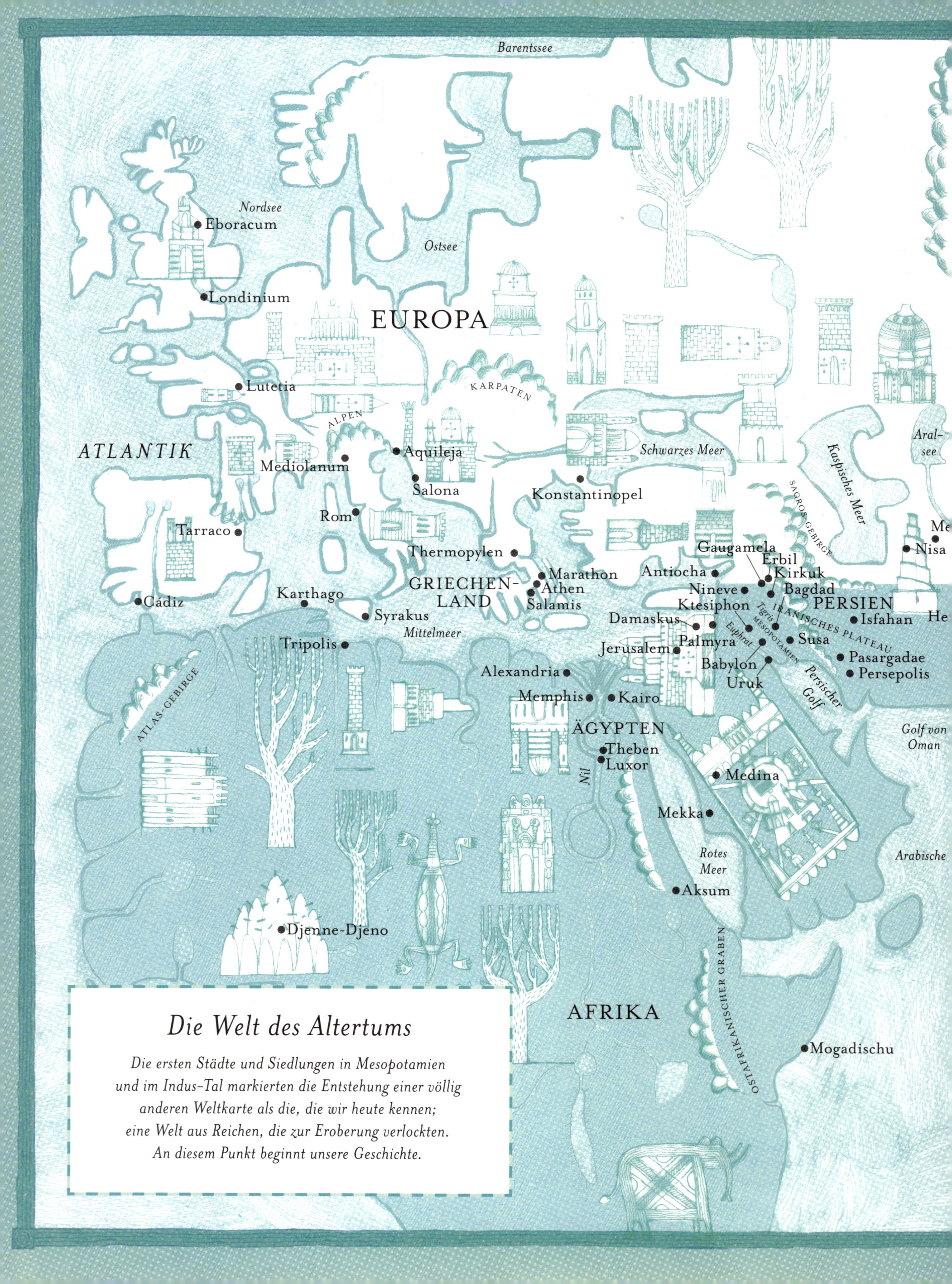

Die Welt des Altertums

Die ersten Städte und Siedlungen in Mesopotamien und im Indus-Tal markierten die Entstehung einer völlig anderen Weltkarte als die, die wir heute kennen; eine Welt aus Reichen, die zur Eroberung verlockten. An diesem Punkt beginnt unsere Geschichte.

ASIEN
ALTAI-GEBIRGE
Kaschgar
Dunhuang
Ji
Schasch
Samarkand
Balch
CHINA
Anyang
Seoul
Kaifeng
Chang'an
Luoyang
Zhengzhou
Kabul
Peschawar
HIMALAYA
Kyoto
Osaka
dahar
Harappa
Jiankang
Hefei
Suzhou
Hangzhou
Multan
INDUS-TAL
Chengdu
Ost-chinesisches Meer
Mohenjo-Daro
Lhasa
Patna
Varanasi
Ujjain
Guangzhou
PAZIFIK
Hanoi
INDIEN
Luang Prabang
Bagan
Süd-chinesisches Meer
Golf von Bengalen
Hampi
Siem Reap
Thonjavur
Madurai
Anuradhapura
INDISCHER OZEAN
Palembang
Jakarta

KAPITEL EINS

Die Straßen des Altertums

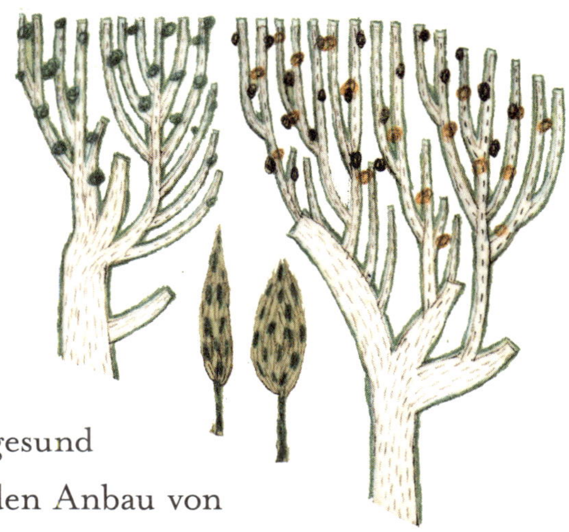

Im Herzen Asiens liegt der Geburtsort der Zivilisation. Im alten Mesopotamien an den Ufern der mächtigen Flüsse Tigris und Euphrat und im Tal des Indus standen die allerersten Städte der Menschheit. Der reiche Wasservorrat an den Ufern war lebenswichtig für die Bewohner der dort errichteten Städte; die Menschen von Ninive, Uruk in Mesopotamien und Harappa und Mohenjo-Daro am Indus konnten so erfrischt, sauber und gesund ihren Geschäften nachgehen. Wasser war außerdem für den Anbau von Nutzpflanzen auf den fruchtbaren Feldern am Flussufer wichtig.

Es ist kein Wunder, dass viele glauben, die Menschheit selbst sei auf den fruchtbaren Feldern Mesopotamiens (wörtlich: «Land zwischen den Flüssen») erschaffen worden.

Viele glaubten, hier liege der Garten Eden, den «Gott der Herr pflanzte» mit allerlei Bäumen, «verlockend anzusehen und gut zu essen». Die blühenden Felder und Städte erlaubten den Königen, ihre Reiche aufzubauen.

Doch die Herrscher wussten genau, dass ihre Reiche, sollten sie von Dauer sein, nicht nur eine gute Ordnung brauchten, sondern auch gut organisiert sein mussten. Gesetz und Ordnung waren sehr wichtig, und daher ist es nicht verwunderlich, dass die wohl ersten Gesetze der Menschheitsgeschichte aus dem Herzen Asiens stammen, nämlich die Gesetze Hammurabis, des Königs von Babylon, die vor viertausend Jahren niedergeschrieben wurden. Die Menschen im Altertum waren klug: Sie legten Straßennetze an, die es ermöglichten, dass die Post über Entfernungen von mehreren Hundert Kilometern befördert werden konnte. Die Behörden sorgten dafür, dass die Kunden von den Händlern nicht betrogen wurden und das bekamen, wofür sie bezahlt hatten. In der ganzen Region funktionierte die Erhebung und Eintreibung von Steuern nicht nur reibungslos, sondern meist auch fair.

Das größte Reich des ganzen Altertums war das Persische Reich. Es lag im Herzen Asiens und erstreckte sich vom Mittelmeer bis zum Himalaya. Städte wie Persepolis, Pasargadae und Susa besaßen eine Fülle prächtiger Bauten, die den Wohlstand ihrer Bewohner und die Macht der Herrscher demonstrierten. Die Perser waren berühmt für ihre Bereitschaft, stets etwas Neues auszuprobieren und die Gewohnheiten, Moden und Nahrungsgewohnheiten der Völker anzunehmen, die sie eroberten. Sie waren auch bekannt für ihre Liebe zum Luxus. Sie waren ein Volk, das bereit war, Neues zu lernen und das, was sie besaßen, zu verbessern.

Sie waren außerdem furchterregende Gegner, wie die Griechen nur zu gut wussten. Die Versuche der Perser, ihr Reich auszudehnen, mündete in große Schlachten bei Marathon, an den Thermopylen und bei Salamis, und das Schicksal der griechischen und ägäischen Städte hing nur noch am seidenen Faden. Schließlich aber wendete sich das Blatt, als Alexander der Große, den viele für den brillantesten Feldherrn aller Zeiten hielten, die persischen Truppen in Ägypten besiegte. Danach schlug er noch bei Gaugamela im heutigen Irak ein riesiges Heer, das ihn eigentlich aufhalten sollte. Nach diesem Sieg trat er einen außergewöhnlichen Marsch ins Herz Asiens an, eroberte eine Stadt nach der anderen, baute unterwegs neue Städte, Straßen und Festungen, um seine Eroberungen abzusichern. Alexander wusste, dass es wichtig war, die einheimische Bevölkerung gut zu behandeln: «Erst ihre Treue wird dem Reich ewige Festigkeit verleihen», sagte er zu seinen Männern. So machte er sich zum Herrscher der Mitte der Welt über ein Reich, das sich in alle Richtungen erstreckte, ehe er im Jahr 323 v. Chr. mit nur 32 Jahren starb.

Alexanders Vormarsch trug dazu bei, dass die Verbindungen zwischen Ost und West vertieft wurden. Waren, Menschen und Gedanken – zu Religion, Literatur und Bildung – strömten

ohnehin bereits in beide Richtungen, doch nun taten sie es noch schneller. Indische Herrscher formulierten ihre Anordnungen jetzt sogar in mehreren Sprachen, darunter Griechisch und Aramäisch, damit sie von Menschen aller Herkunft und Kulturen verstanden wurden. Schon bald tummelten sich viele Kaufleute, Reisende, heilige Männer und Lehrer auf den Seidenstraßen.

Auch an anderen Orten erweiterte sich der Horizont. In China gründeten Kaiser Gao und seine Frau Lü Zhi um 200 v. Chr. die Han-Dynastie und dehnten das Gebiet unter ihrer Herrschaft nach Westen aus. Wenig später begann der legendäre Geschichtsschreiber Sima Qian, Informationen über die Welt zu sammeln, die jenseits der öden Wüste und der bedrohlichen Gebirgsketten an der Westgrenze des heutigen Chinas lag. Er interessierte sich auch für den scheinbar endlosen Steppengürtel, der vom Schwarzen Meer bis zum Pazifik verläuft. Die Berichte Qians an den kaiserlichen Hof im 2. Jahrhundert v. Chr. belegen sein Staunen über die blühenden Marktstädte in Zentralasien, «wo alle Arten von Waren gekauft und verkauft werden».

Meist spielte sich der Handel zwischen einzelnen Städten ab und zwischen kleineren Gemeinschaften. Aber seltene und exotische Waren wie Juwelen und Perlen, Gewürze und sogar Speisen (wie Gurken, Pistazien und Pfirsiche) waren teuer und warfen so hohe Gewinne ab, dass sich selbst lange und gefährliche Reisen lohnten.

Die Waren wurden mit Kamelkarawanen transportiert, obwohl

Alexander der Große galt gemeinhin als der brillanteste Feldherr aller Zeiten – als Herrscher der Mitte der Welt.

die Hitze und der Wassermangel sowie die häufigen Sandstürme tödlich sein konnten. Das bewiesen schon die unzähligen Skelette, die man entlang der Routen durch den Wüstensand im Westen Chinas fand.

Zu den wichtigsten Handelswaren zählte Seide – ein feiner und schwer herzustellender Stoff, den man aus den Kokons der Raupen gewinnt. Seide war nicht nur deshalb wertvoll, weil sie den Wohlstand und den gesellschaftlichen Rang ihres Trägers demonstrierte, sondern auch, weil sie zum Teil anstelle von Geld zur Zahlung genutzt wurde.

Besonders beliebt war Seide bei den nomadischen Stämmen, die sommers wie winters in der Steppe lebten und ihre Schafe, Pferde und Rinder hüteten. Diese in Zentralasien gezüchteten Pferde waren hochgeschätzt, besonders in China, wo man sie für ihre große Kraft bewunderte. Die Pferde waren so schnell, dass man behauptete, sie stammten von Drachen ab. Einige wurden richtiggehend berühmt: Man schrieb Gedichte über sie und verehrte sie in Statuen und Gemälden. Ein Herrscher befahl sogar, dass seine achtzig Lieblingstiere nach seinem Tod an seiner Seite beerdigt werden sollten.

Die Nomaden selbst hatten hingegen einen schlechten Ruf. Von einem Stamm, den Xiongnu, hieß es, sie würden rohes Fleisch essen und Blut trinken. Sie seien ein Volk, so ein Schreiber, «das vom Himmel im Stich gelassen worden ist». Sie wurden teils deshalb gefürchtet, weil sie anders lebten als jene, die in Städten wohnten oder als Bauern das Land bearbeiteten, aber auch, weil man von ihnen erzählte, sie würden in großen Scharen ausschwärmen, um Städte anzugreifen oder zu bedrohen. Deshalb beschwichtigte man diese Stämme häufig mit hohen Tributzahlungen, manchmal in Form von riesigen Mengen Seide.

Als das Netz der Seidenstraßen dichter wurde, häuften sich auch die Kontakte unter den Völkern, und schließlich wurden Systeme eingeführt, die den heutigen Passkontrollen ganz ähnlich waren. Schon vor zweitausend Jahren führte China ein System ein, um über die Reisenden, die seine Grenzen überschritten, Buch zu führen. Diese Unterlagen umfassten Informationen darüber, wo die Reisenden herkamen, welche Waren sie mitbrachten und wann sie eintrafen und wieder gingen. Das gestattete es der chinesischen Verwaltung, genau zu berechnen, wie viel Zoll die Passanten zahlen mussten. Auf diese Weise wurde gewährleistet, dass Beamte sich nicht auf Kosten der Händler bereicherten; außerdem wusste man, wer was wann und wo kaufte und verkaufte. Die Chinesen sammelten Informationen aus nah und fern und erhielten sogar Berichte von so fernen Orten wie dem Mittelmeer und dem Römischen Reich, wo die Bewohner groß, stattlich und wohlhabend sein sollten.

Die Römer unternahmen ihrerseits ebenfalls große Anstrengungen, etwas über die Routen, Städte und Völker in Asien zu erfahren; angeblich schickten sie sogar Botschafter bis nach China. Und so wurde Seide auch im Römischen Reich zu einem Symbol von Wohlstand, obwohl sich manche beklagten, es sei zu teuer und komme von jenseits des Reiches (was bedeutete, dass römisches Geld in die Hände eines anderen floss). Andere waren der Meinung, Seide liege zu eng am Körper und römische Frauen sollten sich weniger über ihr Aussehen Gedanken machen.

Trotzdem fand ein riesiger Handel über die Kontinente hinweg statt, nicht nur mit Seide, sondern auch mit Kupfer, Gold, Weihrauch und einem blauen Halbedelstein namens Lapislazuli, der aus Bergwerken in Zentralasien stammte. Städte, die an den Küsten der

Hauptrouten lagen, die durch den Persischen Golf, durch das Rote Meer oder über den Rücken Asiens führten, blühten auf. In Orten wie Chang'an, Balch, Nisa und Palmyra wurden prachtvolle Bauten errichtet, während in Mesopotamien, in der iranischen Hochebene und jenseits davon unzählige neue Städte gegründet wurden. Die Macht der Könige und Herrscher dort wuchs ebenso rasant wie ihr Reichtum und gestattete es ihnen, sagenhafte Paläste zu bauen und dafür zu sorgen, dass ihr Reich gut verwaltet wurde: Jahrtausendelang war man sich einig gewesen, dass Gerechtigkeit und gute Verwaltung die Hauptvoraussetzungen für Stabilität und Erfolg waren, und diese Zeit war keine Ausnahme.

Auch wenn die Welt vor zweitausend Jahren keineswegs immer friedlich war und es häufig Rivalitäten zwischen und innerhalb der verschiedenen Staaten gab, die entlang der Seidenstraßen lagen, so waren Asien, Europa und Nordafrika doch eng miteinander verbunden. Münzen und Gegenstände wie verzierte Silberschalen fanden den Weg von Rom in den Fernen Osten, und umgekehrt gelangten Produkte und Stoffe aus den fernsten Regionen Asiens in den Mittelmeerraum.

Schreiber in Indien dokumentierten die Ankunft «wunderschöner großer Schiffe», die bei ihrer Fahrt übers Meer «den weißen Schaum teilen».

Schreiber in Indien kommentierten die Ankunft «wunderschöner großer Schiffe», die von weit her Kaufleute brachten. Vor ihrer Rückkehr wollten diese Pfeffer kaufen. Töpfe aus Nordafrika wurden in Tausenden Kilometern Entfernung im heutigen Schottland zum Kochen und für Vorräte verwendet. Es herrschte auch ein reger Handel mit glasierter Keramik aus Persien in das heutige Sri Lanka, Südostasien und China.

Auch wenn die Welt des Altertums weit höher entwickelt und stärker miteinander verknüpft war, als wir vielleicht glauben, waren unsere Vorfahren vor vielen Jahrhunderten doch genauso wissbegierig, was Menschen, Orte und Raritäten anging, wie wir heute. Das gilt ebenso für die Seidenstraßen wie für Kulturen wie die Olmeken und Maya in Mittelamerika oder die Saho und Bantu sprechenden Völker Schwarzafrikas, die allesamt vor über zweitausend Jahren eine Blütezeit erlebten. Wissenschaftliche und technologische Entwicklungen haben die Geschwindigkeit verändert, mit der wir heutzutage reisen und Handel treiben können. Das ermöglicht es uns, schneller etwas über andere Kontinente zu erfahren als je zuvor. Häufig hört man, die Globalisierung sei etwas völlig Neues, aber das stimmt nicht.

KAPITEL ZWEI

Die Straße des Glaubens

Genau wie die Waren über die Seidenstraßen strömten, welche den Pazifik und das Mittelmeer mit Zentralasien, Indien und dem Persischen Golf verbanden, breiteten sich auch Ideen aus. Und die mächtigsten Ideen waren jene, die sich mit dem Göttlichen beschäftigten und versuchten, die Rolle Gottes, den Ursprung und den Sinn des Lebens zu begreifen, oder auch die Beziehung des Menschen zur Natur und der Menschen untereinander. Das waren wirklich wichtige Fragen.

Religionen und Glaubensrichtungen, Götter und Kulte, Priester und Herrscher rangen um die wichtigsten Plätze. Im Altertum suchten die Menschen dringend nach Erklärungen für alltägliche Ereignisse, die scheinbar mit übernatürlichen Erscheinungen zusammenhingen, und Religionen boten für eine Reihe von Problemen Lösungen an. Was war der Grund für diese Dürre? Wieso war ein geliebter Mensch gestorben? Warum sollte man seinen Nachbarn gut behandeln?

Etliche Alternativen standen zur Auswahl: Ihrem Ursprung nach indische Religionen wie der Hinduismus, Jainismus und Buddhismus breiteten sich entlang der Seidenstraßen aus und wetteiferten mit Religionen, die in Persien ihre

Wurzeln hatten, wie der Zoroastrismus und der Manichäismus. Von Westen her kamen das Judentum und das Christentum und später der Islam.

Es stand viel auf dem Spiel. Ein Sieg auf dem Schlachtfeld wurde als Beweis für göttlichen Beistand angesehen. Die Gleichung war so simpel wie einleuchtend: Einer Gesellschaft, die den richtigen Gott – oder die richtigen Götter – verehrte, ging es gut; jene, denen es schlecht ging, beteten offenbar falsche Götzen an und mussten die Konsequenzen tragen.

Religionen wetteiferten nicht nur miteinander, sondern lernten auch voneinander und passten sich an. Alexander der Große und seine Heere brachten beispielsweise ihre Religion aus Griechenland mit und errichteten während ihrer Herrschaft mitten in Asien griechische Tempel. Das forderte die Buddhisten heraus, die ihren Glauben bisher sehr erfolgreich von Nordindien aus verbreitet hatten. Plötzlich sahen sie sich von den neuen religiösen Bräuchen sowie von den immer zahlreicheren Bildnissen und Statuen der griechischen Götter bedroht.

Die Buddhisten waren also gezwungen umzudenken. In ihrer ursprünglichsten und traditionellen Form waren die Lehren Buddhas sehr klar – der Weg zum Frieden (Nirwana) verlief über die eigene spirituelle Reise. Aber wegen der neu aufgetauchten griechischen Lehren bauten die Buddhisten nun eigene Schreine und Tempel. Sie stellten Buddhastatuen auf und spornten die Menschen an, ihren Glauben nicht nur privat auszuüben, sondern ihn gemeinsam zu feiern – unter musikalischer Begleitung. Die Konkurrenz hatte sie gezwungen zu reagieren, ein Element zu entlehnen und sich zu erneuern.

Die Maßnahmen erwiesen sich als sehr erfolgreich. Mitte des 1. Jahrhunderts n. Chr. beschleunigte sich die Ausbreitung des Buddhismus entlang der Handelsrouten dank der Mönche, Reisenden und vor allem dank der sogdischen Kaufleute. Diese Kaufleute unternahmen für den Handel mit kostbaren Waren lange Reisen bis tief ins Herz Asiens und Chinas. Einige ritzten sogar ihre Namen in Felsen neben die Abbilder von Buddha, weil sie hofften, ihre Reise würde dann sicher und gewinnbringend sein.

Mit der Ausbreitung des Buddhismus entstanden beeindruckende Monumente, wie zum Beispiel vierzig Klöster rings um Kabul, von denen eines Wände aus Marmor, goldene Türen und einen Fußboden aus massivem Silber besaß. Sogar ganze Komplexe aus Höhlenklöstern wurden in Westchina an Orten wie Dunhuang und Qyzyl angelegt, mit Hallen zur Anbetung, Orten für Meditation und weitläufigen Wohnräumen. Die Buddhastatuen in den Felswänden bei Bamiyan im heutigen Afghanistan machten auf alle, die daran vorübergingen, einen

Mit der Ausbreitung des Buddhismus wurden beeindruckende Monumente geschaffen, unter anderem vierzig Klöster rings um Kabul.

١
٢
٣
٤
٥
٦
٧
٨
٩
١٠
١١
١٢
١٣
١٤
١٥
١٦
٤٠

gewaltigen Eindruck. Es gab berühmte Mönche wie Faxian, der von China durch Zentralasien bis zum Geburtsort von Buddha im heutigen Nepal reiste. Danach zog er weiter nach Indien, wo er die Bildung und den Erfolg der Hindus und des Hinduismus bewunderte, bevor er übers Meer nach Sri Lanka und schließlich zurück nach Hause reiste.

Der Buddhismus war nicht die einzige Konfession, die sich entlang der Seidenstraßen ausbreitete. Auch das Christentum hatte enorme Erfolge vorzuweisen, nachdem Anhänger von Jesus Christus und seiner Lehren durch Asien zogen. Schon bald waren die christlichen Gemeinschaften, die in östlichen Städten wie Mossul und Basra im heutigen Irak und später sogar im heutigen Sri Lanka und in China existierten, so groß, dass Bischöfe für die Aufsicht über die Priester benötigt wurden, die sich wiederum um ihre Gläubigen kümmerten. Auch wenn wir das Christentum meist mit dem europäischen Kontinent in Verbindung bringen, war es auch in Asien und Nordafrika enorm erfolgreich. Länder wie Ägypten haben noch heute eine große christliche Bevölkerungsgruppe.

Die Ausbreitung neuer Religionen wurde keineswegs von allen begrüßt – wo es Sieger gibt, gibt es immer auch Verlierer. Nicht alle, die den jüdischen Glauben annahmen, waren den Rabbinern recht, und sie verglichen die zum jüdischen Glauben übergetretenen Menschen, die ihnen nicht gefielen, mit einem juckenden Ausschlag. Doch das hielt den jüdischen Glauben nicht davon ab, sich in Arabien auszubreiten, wo die ganze Bevölkerung einschließlich der Herrscherdynastie zum Judentum übertrat.

Religiöse Konflikte waren im Reich der Sassaniden besonders schmerzlich zu spüren. Das Reich wurde von einer mächtigen Dynastie regiert, die einen großen Teil des Gebiets kontrollierte, das einst zum alten Persien gehörte. Im Reich der Sassaniden galt der Zoroastrismus als Hauptkonfession – eine Religion, die auf den Lehren eines großen Propheten basierte, der um 1000 v. Chr. gelebt und verkündet hatte, dass die Welt in Gut und Böse, Licht und Dunkel, Ordnung und Chaos aufgeteilt sei. Zoroastrische Priester wie Kartir wollten den Vormarsch anderer Religionen nicht hinnehmen, darum ließ er Christen und Buddhisten sowie Hindus, Juden und andere auf blutige Weise verfolgen. Seine grausamen Erfolge hielt er in triumphierenden Inschriften fest, die wir noch heute lesen können.

Auch die Sassaniden fühlten sich vom Vormarsch des christlichen Glaubens bedroht, als er in den benachbarten Königreichen Fuß fasste, weil sie fürchteten, er könne sich noch weiter ausbreiten. Vor allem nach dem, was mit dem König von Armenien passiert war. Der

Das Kreuz hinter Kaiser Konstantin enthüllte die berühmten Worte, die ihm prophezeiten, dass er alle besiegen werde.

Legende nach wurde der armenische König Tiridates in ein Schwein mit Rüssel und Hauern verwandelt und durchstreifte nackt die Felder, bis er auf wundersame Weise vom heiligen Gregor geheilt wurde (und sich sofort taufen ließ). Nicht lange danach schaute der römische Kaiser Konstantin vor einer Schlacht zur Sonne auf und erblickte ein Kreuz mit Wörtern dahinter. Sie besagten, er werde alle besiegen, wenn er den christlichen Glauben annehme. Das tat er prompt und gewann auch die Schlacht. Konstantin war ein begeisterter neuer Christ und beaufsichtigte die Ausarbeitung des Nizänischen Glaubensbekenntnisses – ein Bekenntnis des christlichen Glaubens, das noch heute gesprochen wird. Gegen Ende seiner Herrschaft dachte Konstantin darüber nach, wie er das Christentum über die Grenzen des Reiches hinaus verbreiten könne. Er schickte dem Schah (Herrscher) der Sassaniden sogar Briefe, in denen er ihn aufforderte, die Christen, die «in den wichtigsten Gebieten» seines Reiches lebten, zu schützen, andernfalls werde er die Konsequenzen zu spüren bekommen. Das war eine deutliche Botschaft, und sie sollte gewaltige Nachwirkungen haben.

Rom war schon lange ein großer Rivale des Sassaniden-Reichs im Osten, und beide Seiten hatten mehrere erbitterte Kriege gegeneinander geführt. Nur wenige Jahrzehnte zuvor war ein Angriff kläglich gescheitert und Valerian gefangen genommen worden, ein Vorgänger Konstantins als römischer Kaiser. Zur Strafe musste Valerian den Rest seines Lebens als menschlicher Schemel für den Schah verbringen, wenn dieser sein Pferd bestieg – nach Valerians Tod wurde sein Leichnam mit Stroh ausgestopft und im ganzen Sassaniden-Reich zur Schau gestellt.

Konstantins Botschaft an den Schah klang also wie eine Drohung. Dem Schah musste es scheinen, als wolle der Kaiser das Christentum, wenn nötig, mit Gewalt verbreiten. Die Folge war das Gegenteil von dem, was Konstantin im Sinn gehabt hatte: Angetrieben von denen, die den zoroastrischen Glauben verteidigen wollten, dürstete es den Schah «nach dem Blut der Heiligen». Er befahl, Dutzende Bischöfe und Priester zu töten.

Bei Religionen geht es immer um mehr als nur um den Glauben. Es geht auch um Politik und Erfolg. Es ist leicht, tolerant zu sein und sich mit anderen Menschen gut zu verstehen, die andere Anschauungen, Bräuche und Lebensweisen pflegen, so lange alles gut läuft. Aber wenn die Zeiten hart sind – sei es wegen des Klimawandels, wirtschaftlicher Unruhen oder militärischer Bedrohungen –, dann hatten Minderheiten schon immer als Erste darunter zu leiden. Einen Weg zu einem harmonischen Zusammenleben zu finden, kann sich als verblüffend schwierig erweisen – bis heute.

KAPITEL DREI

Die Straße ins Chaos

Kaiser Konstantin hatte noch ganz andere Sorgen. Die Römer hatten ein mächtiges Reich erobert, das reiche Provinzen in Nordafrika und Ägypten sowie einen großen Teil Europas umfasste. Frühere römische Herrscher hatten längst erkannt, dass sie aufpassen mussten, was im Osten vor sich ging, denn von dort kamen Gefahren und Herausforderungen, aber auch Chancen durch Handel, Zusammenarbeit und Austausch von Ideen. Konstantin wollte näher am Geschehen sein. Im Jahr 324 begann er, an den Ufern des Bosporus – wo sich Europa und Asien trafen – eine neue Stadt zu bauen.

Die Stadt wurde das Neue Rom genannt, weil sie es mit der Pracht der Reichshauptstadt Rom aufnehmen konnte: Man errichtete riesige Paläste und legte Aquädukte an, um die Bevölkerung mit Wasser zu versorgen. Ein prächtiges Hippodrom wurde ebenfalls gebaut, in dem Wagenrennen stattfanden – längst nicht so blutrünstig wie der traditionelle römische Zeitvertreib, bei dem sich Gladiatoren gegenseitig umbrachten. Manche spotteten, die Mitglieder dieses neuen römischen Senats stammten aus nicht so angesehenen Familien wie früher, unter ihnen seien Söhne von Kupferschmieden, Bademeistern und sogar Fleischern. Doch es stellte sich schon bald heraus, dass die neue Stadt ebenso bedeutend wie Rom selbst war. Und es dauerte nicht lange, bis man sie nach ihrem Gründer Konstantin benannte: Konstantinopel. Heute ist Konstantinopel unter dem Namen Istanbul bekannt.

Die erste echte Bedrohung für die Stadt ging jedoch nicht, wie vermutet, von den Sassaniden aus, sondern von ganz anderer Stelle: Um die Mitte des 4. Jahrhunderts stieg

der Meeresspiegel in Folge von klimatischen Veränderungen an. Deshalb breiteten sich in dem flachen Steppenland, das sich wie ein Gürtel vom Nordrand des Schwarzen Meeres bis an die chinesische Pazifikküste erstreckte, Seuchen aus, und die Vegetation veränderte sich. Die neuen Lebensbedingungen trugen dazu bei, dass sich die nomadischen Stämme, die dort lebten, zusammenschlossen. Ein Stamm entwickelte sich zum Herren der Steppe, die alle anderen vernichtend schlugen. Der Stamm wurde Xiongnu genannt.

Die Xiongnu – im Westen als Hunnen bekannt – hatten die Chinesen schon früher in Angst und Schrecken versetzt. Doch jetzt terrorisierten sie auch alle anderen. Schon ihr Aussehen war furchterregend: Sie trugen Felle von Feldmäusen, aßen Wurzeln und rohes Fleisch, das sie anwärmten, indem sie es sich beim Reiten unter die Oberschenkel legten.

Es hieß, sie würden die Wangen neugeborener Jungen einritzen, um zu verhindern, dass ihnen später im Leben ein Bart wuchs. Andere behaupteten, sie würden so viel Zeit auf dem Pferderücken verbringen, dass ihre Körper sich verformt hätten. Sie sähen aus wie Tiere, die auf den Hinterbeinen standen. «Sie benehmen sich wie Wölfe», schrieb ein Autor und verstünden sich hervorragend aufs Stehlen und Morden.

Angeblich benahmen sich die Hunnen wie Wölfe und vernichteten alles, was sich ihnen in den Weg stellte.

Wohin die Hunnen auch kamen, brachten sie Verderben mit sich. «In China wurde eine Stadt nach der anderen geplündert», schrieb ein sogdischer Kaufmann seiner Familie. «Es gab dort nichts zu gewinnen, schon am Leben zu bleiben, war ein Wunder.» Als die Hunnen nach Westen zogen, fielen ihnen viele Städte in Persien in die Hände, weil deren Bewohner schon zuvor geflohen waren. Manche überquerten auf der Flucht sogar die Donau und baten im Römischen Reich um Asyl. Die Lage wurde so schlimm, dass der römische Kaiser und der persische Schah ihre Rivalität begruben und sich gegen die Hunnen zusammentaten. In der Nähe des Kaspischen Meeres wurde ein riesiger neuer Wall errichtet, dessen Bau beide Herrscher bezahlten und den Soldaten aus beiden Reichen verteidigten. Die Beziehungen wurden so eng, dass ein Kaiser den Schah sogar zum Vormund seines Sohnes und Erben ernannte.

Der Wall hielt zwar stand, doch in anderen Teilen herrschte weiterhin Chaos. Immer mehr Stämme drangen nach Westeuropa ein und marschierten in Richtung Rom. Im Jahr 410 stürmte der Anführer eines Stammes die prächtige Stadt und plünderte sie. Den übrigen westlichen Provinzen Roms erging es nicht besser. Sie wurden nacheinander von Stämmen wie den Goten und Wandalen verwüstet. Als wäre das nicht schon schlimm genug, tauchten auch noch die Hunnen unter dem Befehl ihres grausamen Führers Attila in Europa auf.

Attila der Hunne (wie er gemeinhin genannt wird) dominierte in den folgenden fünfzehn Jahren ganz Europa und strich von Konstantinopel riesige Tribut- und Lösegeldzahlungen ein, auch wenn die gewaltigen Mauern der Stadt dem Ansturm standhielten – bis er im Vollrausch und wegen seiner allzu ausschweifenden Lebensweise starb.

Die westliche Hälfte des Römischen Reiches taumelte ins Chaos und erholte sich erst Jahrhunderte später davon. Fernhandel und Reisen brachen praktisch völlig ein; die Menschen bauten nicht länger mit Steinen – sie hörten sogar auf, schreiben und lesen zu lernen. «Weshalb lässt Gott das zu?», jammerten manche. Die Antwort lag auf der Hand: Die Menschen hatten gesündigt, und Gott strafte sie jetzt dafür.

In der östlichen Hälfte des Reiches sah die Lage jedoch anders aus. Hier erholte sich das Reich nicht nur, sondern blühte geradezu auf. Der Handel mit Nordafrika und Asien nahm zu, und damit entstanden auch außergewöhnliche Bauprojekte wie die prachtvolle Kathedrale der Hagia Sophia in Konstantinopel. Außerdem führte man in Persien neue Methoden für die Ausdehnung der Landwirtschaft ein, und mitten in Zentralasien baute man eindrucksvolle Palastkomplexe.

Im Osten wurde der Handel zum großen Teil von den Sogdiern kontrolliert, von Zwischenhändlern, die mit Kamelkarawanen reisten und Luxuswaren wie Gewürze, Edelmetalle und Stoffe – vor allem Seide – von einem Marktplatz zum nächsten transportierten.

Der Warenaustausch machte es möglich, dass sich auch Ideen zum Thema Mode, Nahrung, Kultur und Glauben ausbreiteten. Es war wichtig, dass sich Kaufleute bei ihrem Kommen und Gehen sicher fühlten. China beobachtete, dass die Menschen im fernen Syrien in «Glück und Frieden» lebten und dass ihre großen Straßen für ihre Sicherheit berühmt seien, weil Behörden in ganz Asien dafür sorgten, dass Recht und Ordnung gewahrt blieben.

Doch der Frieden war nicht von Dauer. Das nach 590 wiederhergestellte Gleichgewicht wurde durch interne Machtkämpfe in Persien gestört, die eine Kettenreaktion auslösten und zu einem erbitterten Krieg gegen Konstantinopel führten. Anfangs sah es so aus, als sei das Kriegsglück auf der Seite Persiens, als große römische Städte wie Antiochia, Jerusalem und Alexandria eine nach der anderen fielen. Im Jahr 626 wurde Konstantinopel selbst belagert und der Fall der Stadt schien so gut wie sicher.

Doch da scharte sich – in einem der großartigsten Gegenangriffe der Geschichte – das Heer von Konstan-

Die Hunnen hatten unter der Führung ihres grausamen Führers Attila fünfzehn Jahre lang Europa beherrscht.

tinopel unter der Führung von Kaiser Herakleios zusammen und schaffte es, die Perser zurückzudrängen. Bald hatten die Römer ihre gesamten Verluste zurückerobert und schienen ihren Erzrivalen ein für alle Mal besiegen zu können. Die Stimmung wandelte sich binnen weniger Monate von äußerster Verzweiflung in Euphorie. Aber drei Jahrzehnte fast ununterbrochener Konflikte hatten ihren Preis. Ein Krieg war teuer und hielt die Beteiligten davon ab, produktiv zu arbeiten, weil er die Landwirtschaft, den Handel und den Alltag unterbrach.

Der Verlust von Vätern, Söhnen und Brüdern, die im Militär gedient hatten, war bedrückend und erschütternd. Nachdem sich beide Seiten bis zu einem Patt bekämpft hatten, war es Zeit für etwas Neues. Ein Donnergrollen war zu vernehmen, und es kam aus Süden, aus dem Inneren der Arabischen Halbinsel. Ein neuer Glaube wurde geboren.

Hochrangige Frauen der Steppe trugen außergewöhnliche Kleider, die in den letzten Jahren von Archäologen entdeckt wurden.

KAPITEL VIER

Die Straße zum Islam

Genau wie große Teile Asiens war auch die Arabische Halbinsel ein unruhiger Ort, wenn es um Religionen und Anschauungen ging. Es gab viele rivalisierende Vorstellungen über das Göttliche – von Theorien um eine ganze Schar von Göttern bis hin zu den Religionen des Juden- und Christentums, in denen es nur einen einzigen Gott gibt. Beide Glaubensrichtungen gewannen bis zum Jahr 600 unter den Bewohnern Arabiens eine beträchtliche Anhängerschar. Genau in dieser Region zog sich, während im Norden ein Krieg tobte, ein Kaufmann namens Mohammed in eine Höhle nicht weit von der Stadt Mekka zum Meditieren zurück.

Nach der islamischen Überlieferung schickte Gott Mohammed ab dem Jahr 610 eine Reihe von Offenbarungen. Er hörte eine Stimme, die ihm befahl, Verse im «Namen deines Herrn» vorzutragen. In den folgenden Jahren vernahm er eine ganze Reihe von Versen, die ein paar Jahrzehnte später erstmals zu einem einzigen Text zusammengefasst wurden: dem Koran.

Die Stimme teilte Mohammed mehrfach mit, dass Gott mitfühlend und gnädig sei, aber auch alle streng bestrafe, die ihm nicht gehorchen wollen. Zu einer Zeit, als der Handel in Arabien und am Roten Meer wegen der fast ununterbrochenen Kriege zum Erliegen gekommen war, fielen Mohammeds Botschaften auf fruchtbaren Boden. Die Verheißungen von Feldern, die vor Früchten und Getreide überquellen sollten, war verlockend, genau wie die Vorstellung des Paradieses, in dem die Gärten von frischem und reinem Wasser gespeist werden, «von Bächen von Wein, köstlich den Trinkenden». Wer die göttliche Lehre ablehnte, den erwartete hingegen nicht nur Not und Untergang, sondern auch die ewige Verdammnis. Wer gegen die Anhänger Mohammeds Krieg führte, griff nach deren Auffassung Gott selbst an und hatte es verdient, dass man ihn kreuzigte, ihm die Gliedmaßen abhackte oder ihn verbannte. Am Ende würde er in der Hölle endlose Qualen leiden.

Diese Lehren lösten in der Stadt Mekka heftige Unruhen aus, und Mohammed floh im Jahr 622 in die Stadt Yathrib (das spätere Medina) – eine Reise, die als *Hidschra* oder Auszug bekannt wurde. Dennoch scharten sich viele Anhänger um ihn, angelockt von der versprochenen Belohnung durch Erlösung und dem Ruf zur Einheit. Während in vielen Religionen die Gelehrten untereinander stritten, war der Islam gegen eine Spaltung. Im Koran war häufig von der Gemeinschaft aller Gläubigen, der *Umma,* die Rede. Alle sollten einig bleiben, denn die Spaltung sei das Werk Satans, hieß es.

Es war auch von Bedeutung, dass Mohammeds Botschaft in der einheimischen Sprache gepredigt wurde. «Höret», lautet ein Vers im Koran auf Arabisch, «hier sind die Worte von oben». Mohammed schenkte den Arabern eine eigene Religion, die ihnen eine neue Identität gab. Dieser Glaube war für die einheimische Bevölkerung gemacht, ob sie nun Nomaden oder Stadtbewohner waren, und unabhängig von ihrer ethnischen oder sprachlichen Herkunft. Und diese Gemeinsamkeit war der wesentliche Grund für die erfolgreiche Ausbreitung des Islam. Viele ließen sich auch von der Aussicht auf finanziellen Gewinn anlocken, der sich mit den militärischen Erfolgen einstellte. Die von den Ungläubigen geraubten Waffen sollten von den Gläubigen aufbewahrt werden, sagte Mohammed, und jene, die möglichst früh zum Islam konvertierten, wurden mit einem größeren Anteil an der Beute belohnt. Aus kleineren Hinterhalten wurden schon bald ambitionierte Überfälle auf Städte, und in kurzer Zeit eroberten arabische Heere, die in alle Richtungen ausschwärmten, Städte und ganze Regionen. Die Bedeutung der Arabischen Halbinsel wurde durch das Gebot betont, dass sich Betende mit dem Gesicht der Kaaba zuwenden sollten, einem heiligen Stein, den nach der Legende Abraham und sein Sohn Ismael (Isaak) in Mekka aufgestellt hatten. Mekka wurde – und ist noch heute – für alle Muslime der Mittelpunkt ihrer Gebete und Pilgerfahrten.

Zur Zeit von Mohammeds Tod nach 630 waren arabische Armeen auf dem Vormarsch und eroberten alles, was auf ihrem Weg lag. Die großen Städte des Sassaniden- und des Römischen Reichs wie Ktesiphon, Damaskus, Jerusalem und Alexandria fielen in einer spektakulären Serie militärischer Erfolge. Die neuen arabischen Herrscher wahrten jedoch

Mekka, die Heimatstadt Mohammeds, ist der heiligste Ort des Islam. Deshalb wenden sich Muslime beim Beten in Richtung Mekka und versuchen, mindestens einmal im Leben dorthin zu pilgern.

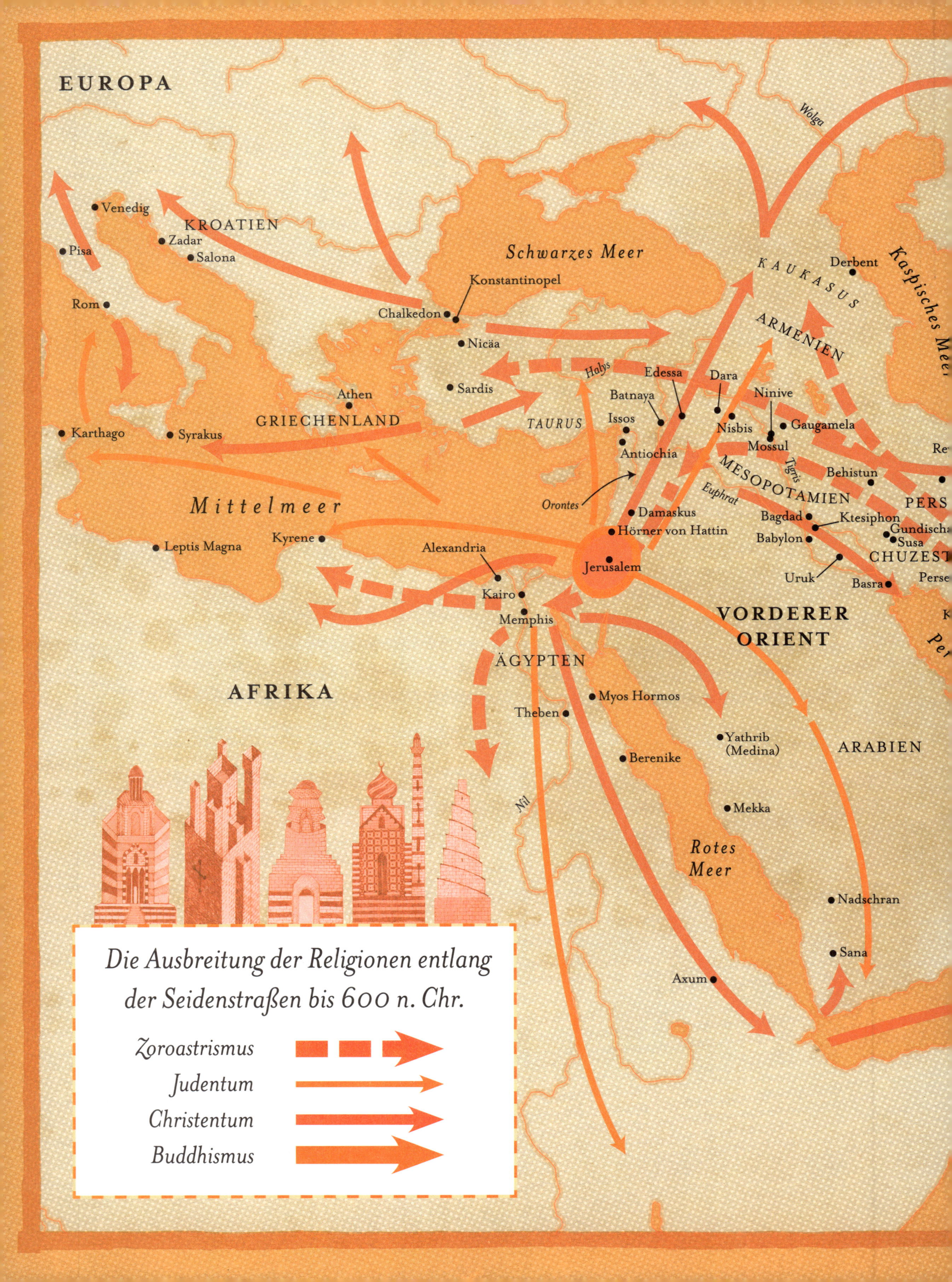

Die Ausbreitung der Religionen entlang der Seidenstraßen bis 600 n. Chr.

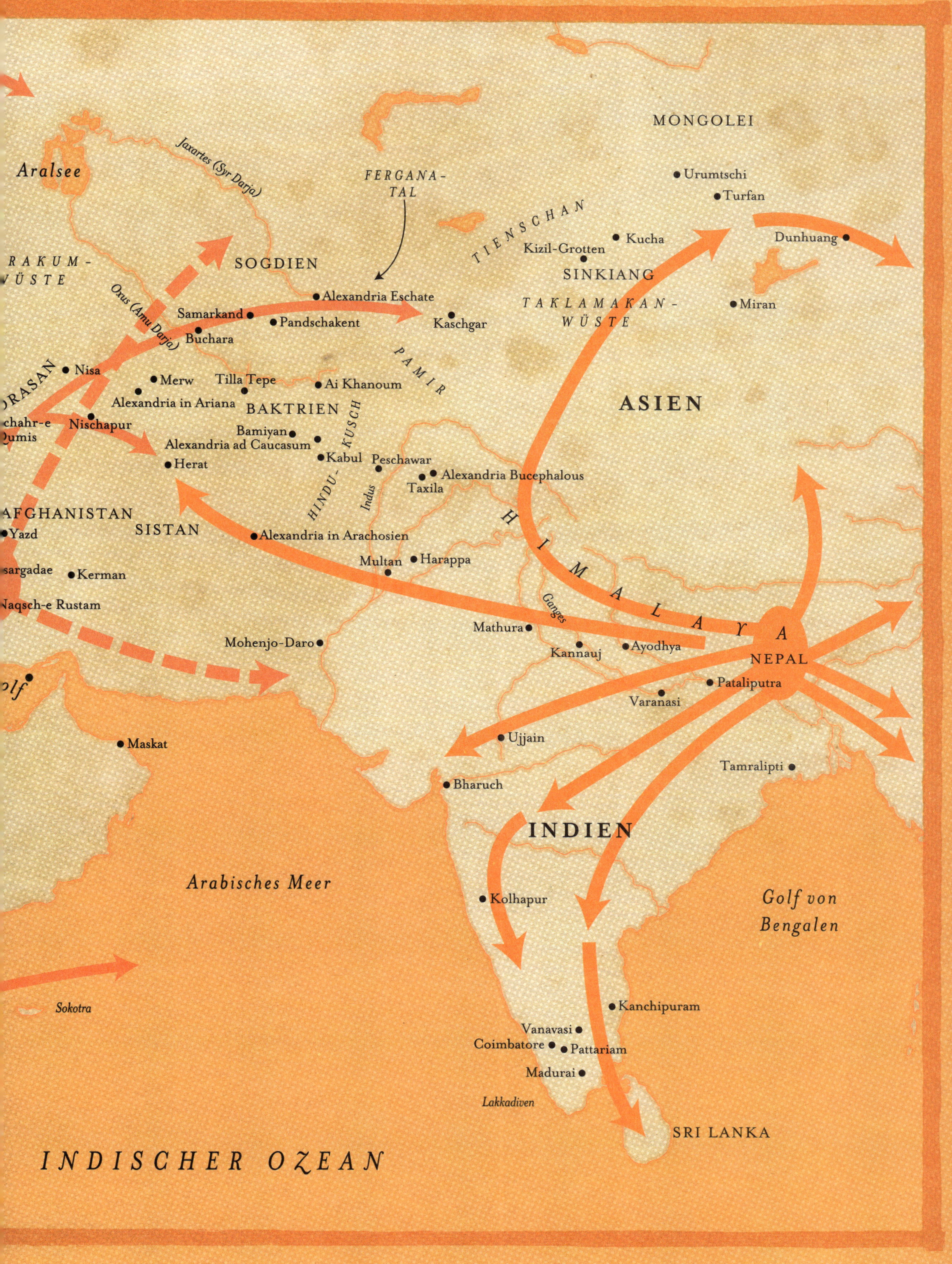

MONGOLEI
Aralsee
Jaxartes (Syr Darja)
FERGANA-TAL
Urumtschi
Turfan
TIENSCHAN
Kucha
Dunhuang
RAKUM-WÜSTE
Kizil-Grotten
SOGDIEN
SINKIANG
Oxus (Amu Darja)
Alexandria Eschate
Samarkand
Pandschakent
TAKLAMAKAN-WÜSTE
Miran
Kaschgar
Buchara
PAMIR
RASAN
Nisa
Merw
Tilla Tepe
Ai Khanoum
ASIEN
Alexandria in Ariana
BAKTRIEN
chahr-e
Qumis
Nischapur
Bamiyan
Alexandria ad Caucasum
HINDU-KUSCH
Kabul
Peschawar
Herat
Alexandria Bucephalous
Taxila
Indus
AFGHANISTAN
HIMALAYA
Yazd
SISTAN
Alexandria in Arachosien
sargadae
Kerman
Multan
Harappa
Naqsch-e Rustam
Ganges
Mathura
Mohenjo-Daro
Kannauj
Ayodhya
NEPAL
Pataliputra
olf
Varanasi
Maskat
Ujjain
Tamralipti
Bharuch
INDIEN
Arabisches Meer
Golf von Bengalen
Kolhapur
Sokotra
Kanchipuram
Vanavasi
Coimbatore
Pattariam
Madurai
Lakkadiven
SRI LANKA
INDISCHER OZEAN

eine gewisse Distanz: Sie errichteten für sich Lager und Siedlungen, überließen die Verwaltung jedoch einheimischen Statthaltern und Beamten. Steuern wurden ebenfalls erhoben, um die neuen Herrscher zu bezahlen.

Christen und Juden wurden im Koran ausdrücklich als «Völker des Buches» genannt (ein Verweis auf das Alte Testament, das beiden Gruppen als heiliges Buch gilt). Und es hieß, sie hätten «nichts zu fürchten oder zu bereuen». Deshalb erlaubten die damaligen Führer der Muslime nicht nur, dass Kirchen und Synagogen in den von ihnen eroberten Gebieten gebaut wurden, sondern unterstützten sie in manchen Fällen sogar mit Geld. Dass der Koran die Bedeutung von Personen wie Abraham und Isaak, Moses und Noah hervorhebt, trug dazu bei, die verschiedenen Glaubenslehren miteinander zu vereinen, statt sie zu trennen. Das galt auch für die Inschrift an der Außenwand der Großen Moschee von Damaskus, in der es heißt, dass «Jesus, der Sohn der Maria», der Gesandte Gottes gewesen sei und dass man die Tage, an denen er geboren, gestorben und wieder auferstanden sei, für gesegnet halten solle.

Mit der Zeit änderte sich diese Haltung jedoch. Beeinflusst von mächtigen Ratgebern fingen strenge Herrscher damit an, Nichtmuslime schlecht zu behandeln; an die Stelle von Toleranz traten Verfolgung und Leid. Der Druck, die ganze Bevölkerung zum Islam zu bekehren, stieg. Ein paar ganz Raffinierte boten sogar jedem eine Silbermünze an, der am Freitag zum Gebet in die Moschee kam. Die verstärkten Bemühungen, andere zu bekehren, gingen nicht zuletzt darauf zurück, dass sich die Muslime untereinander immer grausamer bekämpften, weil jeder unbedingt beweisen wollte, dass er der treueste Hüter der Botschaften war, die Gott offenbart hatte. Innerhalb dieser Streitigkeiten bildeten sich schließlich zwei rivalisierende Gruppen heraus: die sogenannten Schiiten, nach deren Auffassung lediglich die Nachfahren Alis, des Vetters und Schwiegersohns von Mohammed, als Kalif (muslimischer Herrscher) regieren durften, und die Sunniten, die

Die größten Gelehrten, Philosophen und Künstler strömten von nah und fern in Städte wie Damaskus, Buchara und Bagdad.

eine großzügigere Auffassung in der Frage vertraten, wer oberster Herrscher sein sollte. Die Auseinandersetzung zwischen den beiden Gruppen wurde verbittert und häufig gewaltsam geführt: Drei der ersten vier Männer, die zum Nachfolger Mohammeds ernannt wurden, wurden ermordet. Bis heute ist die Rivalität zwischen den sunnitischen und schiitischen Anschauungen ein Konfliktherd in der muslimischen Welt.

Unterdessen eroberten im 7. und 8. Jahrhundert arabische Armeen riesige Territorien, die sich von den Pyrenäen und Spanien durch Nordafrika und den ganzen Mittleren Osten bis zum Himalaya erstreckten – eine neue Weltordnung wurde geschaffen. Es war eine Welt, welche die reichsten, ergiebigsten und kultiviertesten Teile des römischen Mittelmeerraums mit jenen des alten persischen Reiches vereinte; eine neue Supermacht ging daraus hervor, die drei Kontinente umspannte. Endlich kehrte wieder Frieden und Stabilität ein. Städte gediehen und blühten auf. Es gab zwar immer noch Phasen der Rivalität zwischen Muslimen, und gelegentlich wurden jene gewaltsam verfolgt, die nicht dem Islam angehörten, doch

aus der Supermacht hatte sich ein wirtschaftlicher Riese entwickelt, eine selbstbewusste und aufgeschlossene Weltmacht mit einem starken Interesse am Fortschritt. Bei dem enormen Reichtum und fast ohne politische oder gar religiöse Rivalen war dies ein Ort, an dem Ordnung herrschte, wo Kaufleute reich werden konnten, wo Intellektuelle angesehen waren und wo man über entgegengesetzte Anschauungen diskutieren konnte. Aus einem wenig verheißenden Beginn in einer Höhle bei Mekka war so etwas wie eine kosmopolitische Utopie (eine ideale Gesellschaft voller Menschen aus verschiedenen Ländern und Kulturen) entstanden. Sie markierte den Beginn eines goldenen Zeitalters für Gelehrte, Kaufleute und Reisende.

Der Reichtum und die Gelehrtheit blieben nicht unbemerkt: Ehrgeizige Menschen, die am Rand der muslimischen Welt und weit darüber hinaus geboren wurden, fühlten sich von ihr angezogen wie Bienen von Nektar. Den Menschen in China und Südasien kam es so vor, als gäbe es hier unwiderstehliche Entfaltungsmöglichkeiten.

KAPITEL FÜNF

Die Straße zur Weisheit

Ein Reich braucht eine Hauptstadt. Viele Städte wetteiferten darum, das Zentrum der islamischen Welt zu repräsentieren, und am Ende wurde eine majestätische neue Metropole zu ihrem schlagenden Herzen. Die im 8. Jahrhundert verschwenderisch gebaute Stadt war die reichste und größte auf der Welt – und blieb es Jahrhunderte lang. Sie wurde Madinat as-Salam genannt. Heute kennen wir sie als Bagdad.

Die Stadt besaß unzählige Parks, Märkte, Moscheen und Badehäuser sowie Schulen, Krankenhäuser und wohltätige Einrichtungen. Es gab hier «üppig vergoldete und verzierte» Wohnsitze, «behängt mit herrlichen Wandteppichen aus Brokat und Seide». Die Empfangsräume waren «hell und geschmackvoll eingerichtet, mit bequemen Diwanen, teuren Tischen, außergewöhnlichen chinesischen Vasen und unzähligen Schmuckgegenständen aus Gold und Silber». Am Fluss Tigris lagen idyllische Paläste, Pavillons und Gärten. Ein Zeitgenosse sprach einmal von «Tausenden mit Wimpeln geschmückten Gondeln, die wie Sonnenstrahlen auf dem Wasser tanzten und die vergnügungshungrigen Einwohner der Stadt von einer Seite Bagdads zur anderen brachten».

Der Reichtum war unvorstellbar. Als Harun ar-Raschid (bekannt geworden durch seine Märchensammlung von Tausendundeiner Nacht) im Jahr 781 heiratete, schenkte er seiner Braut eine Sammlung von Perlen, dazu mit Rubinen verzierte Tuniken und ein üppiges Bankett. Er war so reich, dass er sogar goldene Schüsseln mit Silber und silberne Schüsseln mit Gold füllen ließ, die unter den glücklichen Hochzeitsgästen verteilt werden sollten. «Etwas Vergleichbares hatte man noch nie zuvor gesehen», sagte ein Augenzeuge.

Bagdad war eine herrliche neue Hauptstadt, die überall nur Staunen hervorrief. Mit ihren Parks und Palästen,

Moscheen, Märkten und Museen entwickelte sie sich zu einer der größten und reichsten Städte der Welt.

Wohlhabende Menschen wollten nur das Beste vom Besten kaufen. Es gab sogar Schriften mit Informationen darüber, wo man die schmackhaftesten Pistazien (in Nischapur), die edelsten Sättel (Mossul) und das beste Gebäck (Ägypten) kaufen konnte. Man warnte darin jedoch auch vor Dingen, die man unbedingt meiden sollte, wie zum Beispiel geschmacklose Früchte aus Damaskus oder überteuerte Waren aus Jerusalem. Dazu gab es Ratschläge, welche Vergnügungen sich für reiche und mächtige Leute schickten, nämlich die Jagd, das Bogenschießen und das Schachspiel.

Gelehrte und ihre Forschungen fanden hier großzügige Gönner. Weder Rasse noch Religion, nicht einmal das Geschlecht war für kluge Menschen ein Hindernis; voller Stolz sammelten die Gelehrten Material aus allen Winkeln der Welt. Es war eine Zeit großer Erkenntnisse in den Naturwissenschaften und der Mathematik, in der Medizin und Astronomie, in der Literatur und Philosophie. Man schrieb Texte, wie der antike griechische Philosoph Aristoteles zu deuten sei, oder über Ursachen und Heilmittel von Liebeskummer. Man begeisterte sich für die mathematischen Konzepte, von der Bedeutung der Zahl Null bis hin zur Entwicklung von Algebra und Algorithmen (beides arabische Wörter). Manche führten Experimente durch, um Arzneien zu entwickeln und ihre Wirkung zu testen, während andere untersuchten, wie der menschliche Körper funktioniert, um zu verstehen, warum Menschen in Ohnmacht fallen oder sich schwindelig fühlen, wenn sie sich verliebten. Andere Wissenschaftler widmeten sich schwierigeren Problemen, wie zum Beispiel der Beziehung zwischen dem Sehsinn und dem Gehirn.

Während sich die muslimische Welt für Forschung und neuen Ideen begeisterte, verkümmerte der Großteil des christlichen Europas in der Finsternis und litt unter mangelnden Ressourcen und mangelnder Wissbegierde. Der heilige Augustinus, einer der einflussreichsten frühchristlichen Theologen und Philosophen, der im späten 4. und Anfang des 5. Jahrhunderts lebte, war ein erklärter Gegner des Forschens. «Die Menschen wollen Wissen um seiner selbst willen», sagte er verächtlich, dabei sei «deren Kenntnis völlig unnütz». Die «Wissgier», wie er es nannte, sei nichts anderes als eine Krankheit.

In dieser Welt der Gegensätze konnten selbst die mächtigsten Menschen in Europa kaum lesen und schreiben – und viele konnten es überhaupt nicht. Karl der Große, ein mächtiger Herrscher, der einen großen Teil Europas vereinigte, bewahrte unter seinem Kissen eine Tafel auf, um schreiben zu üben. Laut Aussage eines Vertrauten fing er aber zu spät damit an; es gelang ihm nie, zusammenhängende Texte zu formulieren.

VORSTELLUNGEN VON ANATOMIE UND KÖRPERFUNKTIONEN IM 9. JAHRHUNDERT

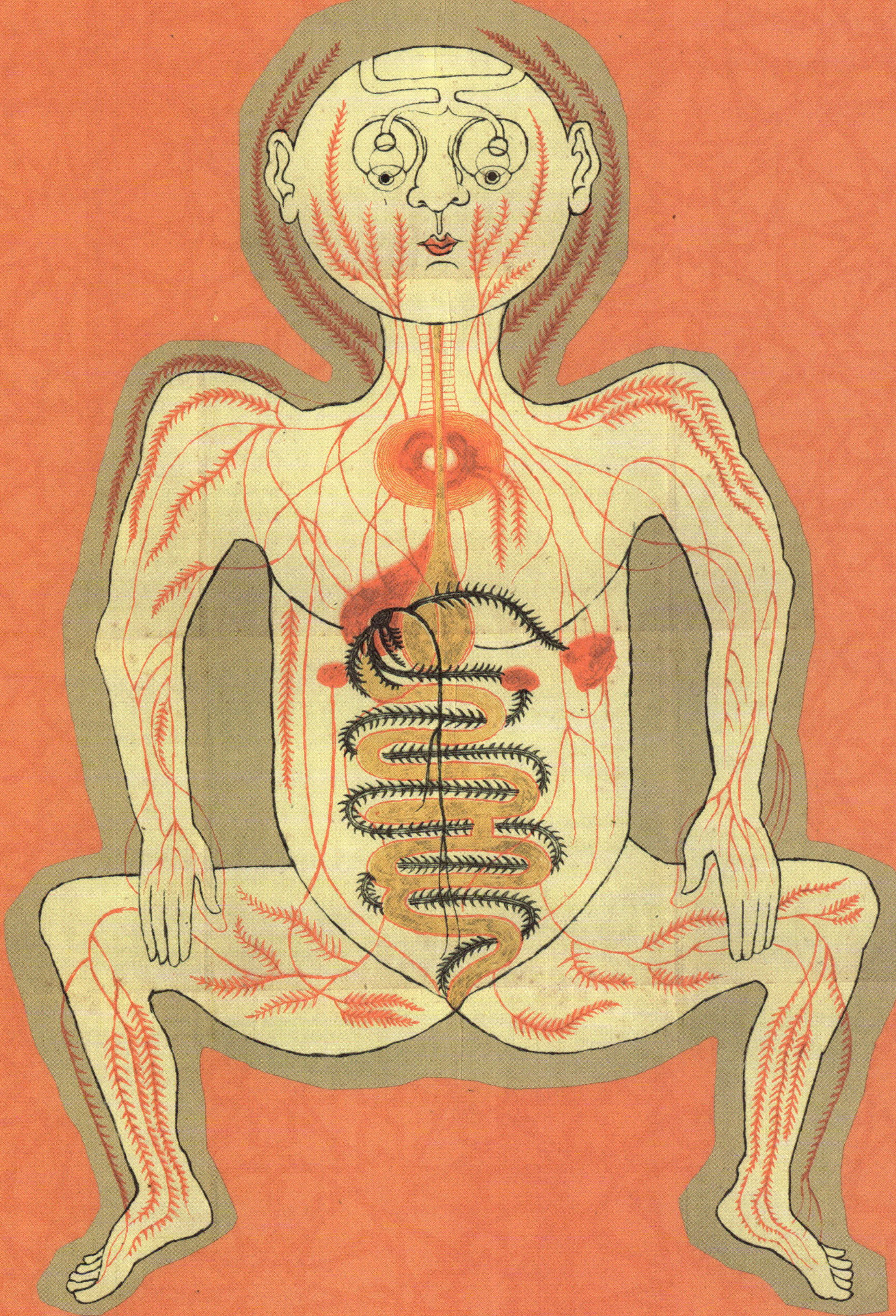

Das Verständnis für den menschlichen Körper bekam große Bedeutung für die Entwicklung von Medikamenten und medizinischer Versorgung. Eine der berühmtesten Personen namens Ibn Sina (oder Avicenna) experimentierte besonders in der Kardiologie (Behandlung von Herzkrankheiten). Andere forschten in der Augenheilkunde und untersuchten sogar die schmerzlindernde Wirkung von Musik.

Ein derartiger Mangel an Interesse für die Wissenschaft und Lehre war für die muslimischen Berichterstatter unbegreiflich, die vor den alten griechischen Gelehrten wie Ptolemaios, Euklid, Homer und Aristoteles großen Respekt hatten. Manche glaubten zu wissen, woran das lag: Einst hätten, schrieb der Historiker al-Masudi, die alten Griechen und Römer zugelassen, dass die Wissenschaft aufblühte; dann aber nahmen sie das Christentum an und stellten den Glauben über Wissen und Vernunft. Der größte Teil Europas war darum geistige Provinz, die kaum etwas Nennenswertes zu bieten hatte. Ein Schreiber meinte über die europäischen Ländereien: «Wir nahmen sie deshalb nicht [in unser Buch] auf, weil wir nicht den geringsten Nutzen darin sehen, sie zu beschreiben.» Europa spielte einfach keine große Rolle mehr.

Asien hingegen schon. In der muslimischen Welt herrschte ein außerordentlich großes Interesse an Asien, an seinen Kulturen, der Lebensweise und den Sitten der Menschen. Man bemerte, dass Chinesen «sowohl im Winter als auch im Sommer Seide» trugen – ihre Gewohnheit, sich den Hintern mit Papier abzuwischen, hielt man jedoch als unhygienisch und abstoßend. Die Chinesen hatten auch Gefallen an Musik und Unterhaltung, im Gegensatz zu den Menschen in Indien, die derartige Spektakel als «schimpflich» ansahen. Indische Herrscher tranken keinen Alkohol, allerdings nicht aus religiösen Gründen, sondern weil sie der Überzeugung waren, dass man nicht ordentlich regieren könnte, wenn man betrunken war. Diese wunderbare Welt, in deren Mitte sich Städte wie Bagdad, Damaskus, Mossul und Samarkand fanden, lockte Händler von nah und fern in Scharen auf die Märkte, wo es vor Käufern nur so wimmelte. Porzellan und Steingut aus China wurden in riesigen Mengen importiert. Ein einziges Schiff, das vermutlich zum Golf unterwegs war und im 9. Jahrhundert vor der Küste Indonesiens sank, hatte 70 000 Töpferwaren an Bord sowie Gold, Blei und Schmuckgegenstände. Die Menge an Handelswaren, die in den Häfen am Golf ankam, um zu den Märkten in anderen Städten weitertransportiert zu werden, war derartig groß, dass eigens Taucher angestellt wurden, um versunkene Ware zu bergen. Sie hatten so viel zu tun, dass sie ununterbrochen arbeiten mussten.

Ein chinesischer Besucher im 9. Jahrhundert staunte über das, was er im arabischen Reich zu sehen bekam: «Alles, was auf der Erde hergestellt wird, gibt es dort. Karren befördern unzählige Waren zu Märkten, wo alles erhältlich und günstig ist: Brokat, bestickte Seidenstoffe, Perlen und andere Edelsteine werden überall in Märkten und Straßenläden ausgestellt.»

Nicht alle Schiffe, die in See stachen, kehrten wieder zurück. Das Meer konnte heimtückisch sein.

Zum einen förderte die Nachfrage Reisen und Handel, zum anderen aber den technologischen Fortschritt, mit Hilfe dessen alles vom Schiffdesign bis hin zur Größe der Brennöfen verbessert wurde. Es war eine außerordentlich stark miteinander vernetzte Welt, in der Waren, Menschen und Ideen problemlos und schnell über Tausende von Kilometern reisten.

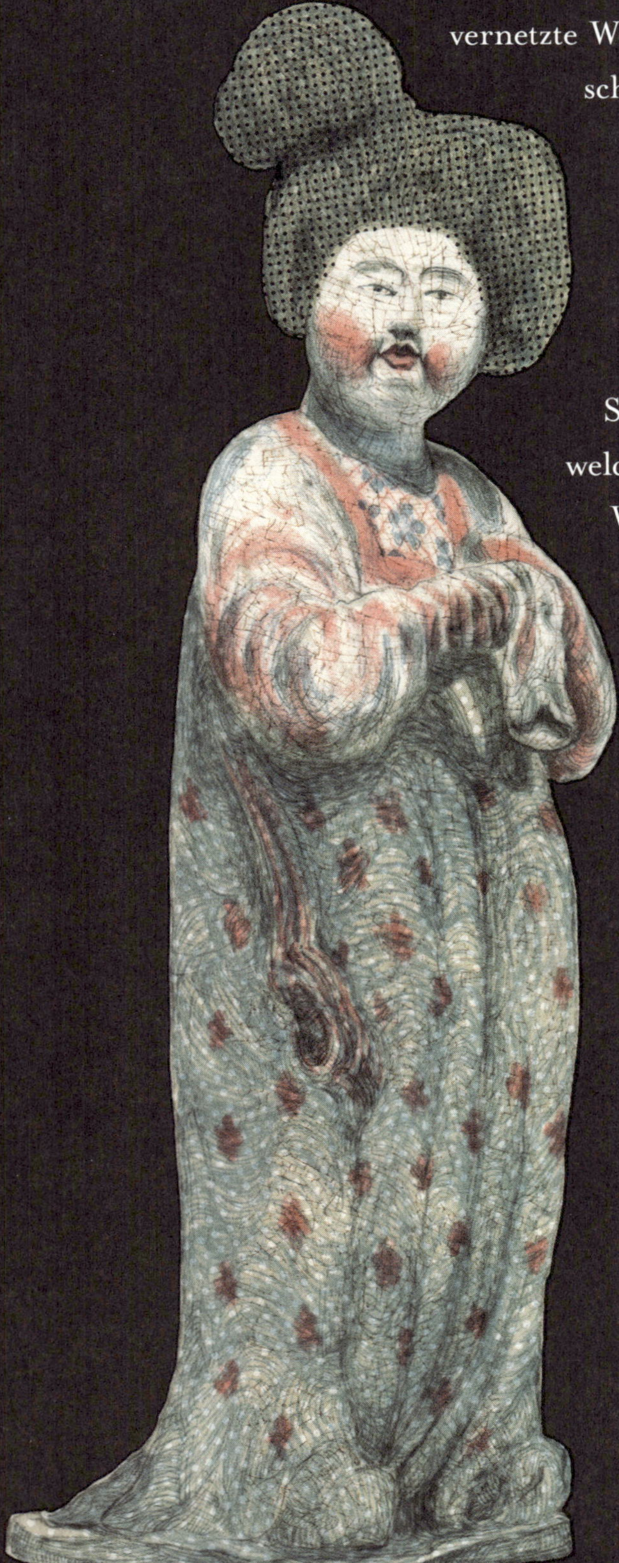

Auch China erlebte damals unter der Tang-Dynastie ein goldenes Zeitalter. Seine Hauptstadt Chang'an – das heutige Xi'an – war die Heimat von über einer Million Menschen, und es wimmelte dort nur so von Leben, kreativem Kunsthandwerk und Gelehrtheit. Außerdem wurde die Stadt gut regiert. Es wurden Gesetze erlassen und geachtet, welche reiche wie arme Menschen gleichermaßen schützten. Die Wissenschaft erblühte, denn man erfand eine Technologie, mit der man Bücher drucken konnte (tausend Jahre vor Europa). Die Töpferwaren waren noch in Tausenden Kilometern Entfernung heiß begehrt.

Der Wohlstand und die Stabilität im Herzen Asiens hatten weithin spürbare Auswirkungen. In Südindien entstanden große Reiche unter den Tschola und im heutigen Thailand und Kambodscha unter den Khmer. Auch die Stadt Srivijaya auf der Insel Sumatra erlebte dank des wachsenden Handels – und langen Friedens – eine Blütezeit. Die Lage in den Steppenregionen der heutigen Ukraine, Russlands und Zentralasiens veränderte sich ebenfalls: Der Stamm der Chasaren gründete eine Föderation von Völkern, die weite Gebiete kontrollierten, auf denen sie ihre Tiere weideten, vor allem Pferde. Sie wurden anschließend an Käufer in Städten wie Merw, Ray und Balch verkauft, die dank des Fernhandels zwischen Ost und West aufblühten.

Durch das Wachstum dieser Städte wuchs auch der Wohlstand der Chasaren. Und weil so viele jüdische, christliche und muslimische Händler wegen der Geschäfte zu ihnen kamen und sich dann niederließen, hielten die Herrscher es für an der Zeit, selbst eine der drei Weltreligionen anzunehmen. Die für diese Entscheidung eigens eingeladenen Gelehrten sollten ihre Religion der Reihe nach vorstellen. Nachdem er aufmerksam zugehört hatte, entschied sich der Herrscher der Chasaren für den jüdischen Glauben. Danach ließ er sich beschneiden und befahl seinen Dienern und seinem ganzen Volk, es ihm gleichzutun.

Die Europäer gaben sich alle Mühe, an den großen Handelsnetzen im Osten teilzuhaben. Doch die Nachfrage nach den Waren, welche sie den emsigen Märkten und den reichen Käufern an den Seidenstraßen zu bieten hatten, war recht begrenzt. Man konnte sein Glück mit dem Verkauf von Bernstein versuchen, zudem waren Falken und Walnüsse beliebt sowie skandinavische Schwerter. Allerdings gab es noch eine andere Ware, nach der große Nachfrage bestand und mit der man fette Gewinne einstreichen konnte: Männer, Frauen und Kinder – Sklaven.

KAPITEL SECHS

Die Straße der Sklaven

Der Sklavenhandel hatte gigantische Ausmaße angenommen. Es wurden so viele Sklaven in den Osten verkauft, dass der Papst mehrfach versuchte, den Handel zu verbieten. Allerdings hörte fast niemand auf ihn. Dem Reiz und der Versuchung des Geldes, das man dabei verdiente, konnte kaum jemand widerstehen. So entwickelten sich Städte wie Dublin (Irland), Utrecht (Niederlande) und Venedig (Italien) zu Zentren, von denen aus viele Sklaven nach Asien exportiert wurden. Ein Volk aus Skandinavien betrieb dieses Geschäft am effektivsten. Sie waren auch unter dem Namen Wikinger bekannt.

Wir stellen uns die Wikinger häufig vor, wie sie in Langbooten vor der Küste Englands auftauchten und die einheimische Bevölkerung in Angst und Schrecken versetzten, ehe sie die Gegend verwüsteten. Doch die grausamsten und zielstrebigsten Wikinger fuhren von Skandinavien aus nicht nach Westen, sondern nach Osten und Süden.

Nach einer Schilderung waren sie «von der Fußspitze bis zum Hals mit dunkelgrüner Farbe tätowiert». Ein anderer meinte, sie seien «groß wie Dattelpalmen» und sehr gefährlich: «Jeder von ihnen führt eine Axt, ein Schwert und ein Messer bei sich.» Sie waren berüchtigt für ihre Ausdauer und ihre Standhaftigkeit sowie für ihre Entschlossenheit, alles zu tun, um zu bekommen, was sie wollten. Im Osten wurden sie die Rus genannt – vielleicht ein Verweis auf ihre roten Haare, eher jedoch auf ihr Geschick beim Rudern der Boote. Der Name Russland leitet sich von ihnen ab. (Übrigens trugen die Wikinger keine Helme mit Hörnern, ungeachtet der allgemeinen Auffassung.)

Die Wikinger waren überall gefürchtet, und die Zahl der Silbermünzen, die in letzter

Zeit in Skandinavien und entlang der Routen ins Herz Asiens gefunden wurden, beweist, dass der Sklavenhandel mit den Ländern des Islam riesige Ausmaße hatte. Heutzutage wäre es ein Milliarden Dollar schwerer Wirtschaftszweig.

Sklaven waren in der muslimischen Welt heiß begehrt, allerdings nicht nur Sklaven aus Europa, sondern auch aus Afrika und Asien. Broschüren halfen den Reichen bei der Auswahl der Sklaven auf den Auktionen. Man müsse, hieß es da, auf die Glätte der Haut achten, ferner gab es Ratschläge, wie man «verborgene Krankheiten» wie Mundgeruch, Schwerhörigkeit oder Stottern erkenne. Mit dem Sklavenhandel stieg auch der Verkauf von Waren in andere Regionen. Ein Reisender aus Spanien, der im 10. Jahrhundert nach Mainz im heutigen Deutschland reiste, stellte erstaunt fest, dass er dort Gewürze fand, «die nur im fernsten Morgenlande vorkommen, z. B. Pfeffer, Ingwer, Gewürznelken». Noch mehr staunte er darüber, dass arabische Silbermünzen als Währung genutzt wurden, und das neben Münzen, die in Samarkand in Zentralasien geprägt worden waren.

Um 950 änderte sich die Lage allmählich. Rivalitäten in der ganzen muslimischen Welt lösten eine Serie von Gewalt aus, bei der sogar Mekka angegriffen wurde. Von Bagdad bis in die Städte Nordafrikas wechselte die Regierung. Mehrere strenge Winter nacheinander hatten so gravierende Folgen, dass die Menschen sogar gezwungen waren, «Gerstenkörner aus dem Mist von Pferden und Eseln zu klauben, um sie zu essen».

Inmitten dieser Katastrophen hielten die Rus anderweitig Ausschau. Befestigte Handelsstützpunkte entlang der großen Flüsse Wolga, Dnjepr und Dnjestr, die für den Fernhandel genutzt wurden, waren bereits zu Städten herangewachsen: Nowgorod, Tschernigow und Kiew. Solche Stützpunkte gestatteten es den Rus, ihre politische Macht auf Kosten der Chasaren auszudehnen. Auf einmal machten ihre ehrgeizigen Rivalen den Chasaren die Gebiete streitig und überrannten

Männer aus Skandinavien verbreiteten Schrecken mit ihrer immensen Kraft und ihren Tätowierungen.

sie wenig später. Die Rus wollten unbedingt neue Märkte finden, um Waren zu kaufen und zu verkaufen. Sie richteten ihre Augen auf die Hauptstadt der östlichen Hälfte des Römischen Reiches. Konstantinopel war nicht nur die größte christliche Stadt in Europa, sie war auch eine der größten Städte der Welt.

Dieses Interesse wurde keineswegs rückhaltlos begrüßt, nicht zuletzt auch, weil die Rus bei ihren ersten Besuchen in Konstantinopel die Siedlungen vor der Stadt verwüsteten, die Gebäude in Brand steckten und die Bewohner in Angst und Schrecken versetzten. Obwohl dies gewiss nicht die beste Methode war, um Freundschaften zu schließen, lenkte man die Beziehungen irgendwann in geregelte Bahnen, vor allem nachdem sich Wladimir, der Herrscher der Rus, im Jahr 988 taufen ließ. Auch ihre Wirtschaft veränderte sich allmählich: Aus der harten Kriegergesellschaft entwickelte sich eine Gemeinschaft, die stärker an einer stabilen Regierung und am Handel mit Luxusgütern interessiert war. Außerdem entlehnte sie Ideen, Kultur und sogar die Architektur aus Konstantinopel, der Hauptstadt des Oströmischen oder Byzantinischen Reiches.

Die Rus waren nicht die einzigen, die in engem Kontakt mit dem prächtigen Konstantinopel und dem christlichen Osten standen. Immer mehr Menschen ließen sich in der Reichshauptstadt nieder: Kaufleute aus Pisa, Genua und Venedig wurden angelockt von der Aussicht auf Handel mit Byzanz und der Möglichkeit, Waren aus Asien zu bekommen.

Städte wie Konstantinopel wurden von den Rus verwüstet, die Gebäude in Brand gesteckt.

Andere waren einfach auf der Suche nach Abenteuern, und manche traten sogar in die Leibwache des byzantinischen Kaisers ein, wie zum Beispiel der Norweger Harald Hardrada.

Auch Europa veränderte sich um diese Zeit. Die ersten Burgen und Klöster wuchsen aus dem Boden, je größer der Ehrgeiz, die Neugier und die Frömmigkeit des Adels wuchsen. Das Interesse an einem Besuch im Heiligen Land, wo Jesus Christus gelebt hatte, gestorben und von den Toten auferstanden war, nahm drastisch zu, und immer mehr Menschen nahmen die lange, schwierige und kostspielige Reise bis nach Jerusalem und an andere heilige Stätten auf sich. Diese Pilger reisten häufig in großen Gruppen und kamen für gewöhnlich durch die Hauptstadt Konstantinopel, wo seit Jahrhunderten viele Reliquien aufbewahrt wurden, wie die Dornenkrone und das heilige Kreuz, an das man Jesus Christus genagelt hatte.

Im Jahr 1095 geschah auf einmal etwas Außergewöhnliches: Unruhen in der muslimischen Welt hatten zur Folge, dass Turkvölker nicht nur Bagdad unter ihre Kontrolle brachten, sondern ihre Macht nach Westen ausdehnten, fast bis an die Mauern Konstantinopels selbst. Für den byzantinischen Kaiser Alexios Komnenos war dies der Tropfen, der das Fass zum Überlaufen brachte. Sein Reich steckte ohnehin in wirtschaftlichen Schwierigkeiten, und er wurde auch anderswo von den Nachbarvölkern unter Druck gesetzt. Darum wandte er sich mit der Bitte um militärischen Beistand an Papst Urban II. und hoffte, dass eine große Schar Ritter kommen würde. Sie sollten ihm helfen, einen Teil der Städte in Kleinasien

(eine Region, die den größten Teil der heutigen Türkei umfasst) zurückzuerobern, die er erst vor kurzem verloren hatte.

Der Papst nutzte die Gunst der Stunde. Er wusste, dass das christliche Reich im Osten in großen Schwierigkeiten steckte und Hilfe brauchte; er erkannte außerdem, dass eine erfolgreiche Expedition dazu beitragen könnte, die Konflikte in Europa selbst zu schlichten. Unter den christlichen Gläubigen herrschten nämlich ernste Meinungsverschiedenheiten, die dazu geführt hatten, dass Könige und sogar andere hohe Geistliche den Papst in Frage stellten. Eine Vereinigung gegen einen externen Feind würde den Streitigkeiten untereinander womöglich ein Ende setzen. Papst Urban II. drängte die Ritter geradezu, sich seinem Feldzug anzuschließen: den Beginn der berühmten Kreuzzüge. Und Jerusalem winkte als Lohn. Nicht jeder war begeistert. Roger I. von Sizilien, der über viele Muslime, Christen und Juden regierte, weigerte sich mitzuziehen – und hob offenbar sein Bein, um einen lauten Furz abzulassen, um dem Papst zu zeigen, was er von seinen Plänen hielt.

Viele jedoch schlossen sich dem Aufruf des Papstes an. Und ungeachtet aller Widrigkeiten und obwohl sie mehrmals nur um Haaresbreite dem Tod entrannen, erkämpften sich die Teilnehmer des Ersten Kreuzzugs ihren Weg über Tausende von Kilometern und erreichten im Sommer 1099 die Heilige Stadt.

Die Erstürmung begann am 15. Juli. Raimbold von Cretons, ein junger Ritter aus Chartres in Frankreich, setzte als Erster seinen Fuß auf die Stadtmauer. Doch die Verteidiger erwarteten ihn schon und schlugen ihm mit einem sauberen Hieb den Arm ab. Am Ende jedoch brachen die Angreifer durch und begannen ein Gemetzel unter den Bewohnern. Die Leichenberge türmten sich auch «außerhalb der Stadtmauern haushoch» auf, wie ein Autor schrieb. «Wäret ihr dort gewesen», schrieb ein anderer ein paar Jahre später, «wären eure Füße bis zu den Knöcheln rot gefärbt gewesen vom Blut der Erschlagenen. Keinen ließ man am Leben, weder Frauen noch Kinder wurden verschont.» Nicht nur Muslime wurden ermordet, auch Juden waren von den Kreuzrittern auf ihrem Zug durch Europa angegriffen worden. Jeder in Jerusalem war ein Opfer.

Das Gemetzel hörte erst auf, als den Führern allmählich dämmerte, dass sie ihr Ziel zwar erreicht hatten, sich jetzt aber überlegen mussten, was als Nächstes passieren sollte. Die Verteidigung ihrer Eroberungen im Heiligen Land war nicht einfach. Die Frage war, ob sie überhaupt dazu imstande wären – und ob die Sache es wert war.

Im Juli 1099 erreichten die Ritter des Ersten Kreuzzuges Jerusalem und eroberten schon bald die Heilige Stadt.

KAPITEL SIEBEN

Die Straße in den Himmel

Die Eroberung Jerusalems markierte einen Wendepunkt in der Geschichte Europas. Auf einmal mussten sich Könige, Ritter und geistliche Führer Gedanken darüber machen, wie man eine ganze Reihe von Kolonien im Nahen Osten halten konnte. Am wichtigsten war zunächst, wie man die Männer, die bereits dort waren, mit Nachschub versorgte. Die Kreuzritter hatten in den Tagen nach ihrer Eroberung erkannt, dass sie, wenn sie überleben wollten, mit den einheimischen Gemeinden zusammenarbeiten mussten, statt sie zu bekämpfen. Es war eine Sache, Menschen mit anderen religiösen Überzeugungen ermorden zu wollen, aber wenn man Nahrungsmittel und andere Dinge beschaffen musste, war doch ein anderer Ansatz gefragt. Die christlichen Ritter waren von Feinden und potenziellen Feinden umgeben. Den richtigen Umgang mit ihnen zu lernen, brauchte Zeit und Geschick.

Von Städten in Europa, die Waren über das Meer schickten, kam Unterstützung. Pisa, Genua und Venedig erkannten die einmalige Gelegenheit, Religion mit Geschäftlichem zu vereinen: Mit der Lieferung von Waren ins Heilige Land und dem Verkauf dringend benötigter Waren an die dort Lebenden ließen sich stattliche Gewinne erzielen. Genau genommen war die Konkurrenz so groß, dass diese Städte bei ihren Bemühungen, die Kreuzfahrerstaaten im Osten zu unterstützen, eher wie Rivalen und nicht wie Verbündete auftraten.

Das lag daran, dass die Eröffnung von Handelswegen ins Heilige Land nicht nur die Chance bot, mit dem Verkauf von Waren an die Christen Geld zu verdienen – sie bot auch die Chance, dort Waren einzukaufen und nach Europa zu bringen. Dazu zählte eine lange

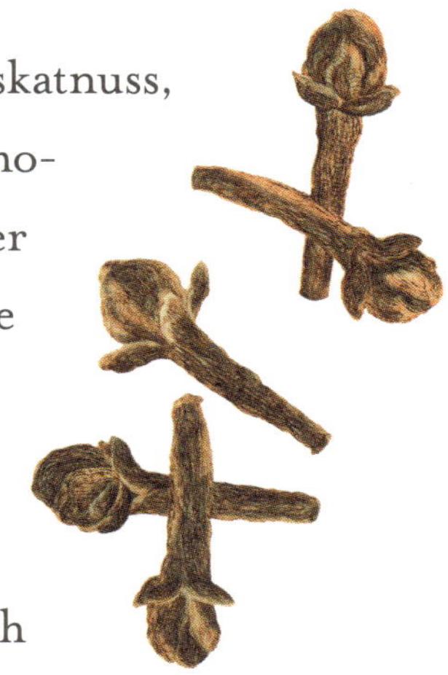

Liste von Produkten wie Pfeffer, Zimt, Muskatnuss, Nelken, Zucker, Weihrauch, Kardamom, Ammoniak, Elfenbein und vieles andere. Die große Mehrheit dieser Produkte stammte nicht aus dem Heiligen Land, sondern gelangte über Handelsrouten dorthin, die von den Muslimen kontrolliert wurden – auch über die Häfen Ägyptens, in denen eine Vielfalt von Gewürzen, Stoffen und Luxusgegenständen umgeschlagen wurde..

Anfangs fiel die Reaktion auf die Ankunft der Kreuzritter jedoch begrenzt aus und stieß in der muslimischen Welt auf kein allzu großes Interesse. Obwohl sie hart um den Weg nach Jerusalem gekämpft hatten und auf einigen frühen Widerstand gestoßen waren, hatten die dortigen Herrscher erst nach einiger Zeit reagiert. Das verärgerte manche. Ein Richter war so erzürnt, dass er in den Hof des Kalifen von Bagdad stürmte, um sich über die ausbleibende Antwort auf die Ankunft von Heeren aus Europa zu beschweren. Er warf dem Herrscher und seinen Freunden vor, ihr Leben zu genießen, statt die christlichen Eroberer so schnell wie möglich zu vertreiben. Das verschaffte den Kreuzrittern Zeit, sich im Heiligen Land niederzulassen und erste Beziehungen zu lokalen Gemeinschaften und Führern zu knüpfen – auch zu Muslimen.

Es gab jedoch häufig Spannungen zwischen den Kreuzrittern und ihren Nachbarn, und in den 1180er Jahren wendete sich allmählich das Blatt. Um diese Zeit gelang es einem tüchtigen Feldherrn namens Saladin, die muslimische Welt zu vereinen. Im Jahr 1187 brachte er den Kreuzrittern bei den Hörnern von Hattin eine unglaubliche Niederlage bei – eine berühmte Schlacht, die das Ende der Kreuzfahrerstaaten einleitete. Saladin war ein großzügiger Sieger und bot dem König von Jerusalem eiskalte Limonade zur Erfrischung an, nachdem man ihn in der Schlacht gefangen genommen hatte. Nicht lange danach kapitulierte die Stadt selbst, nachdem Saladin zugesagt hatte, die Bewohner zu verschonen. Es war eine demütigende Niederlage für die christliche Welt und für Europas Beziehungen zum Osten. Die Nachricht vom Fall Jerusalems war so furchtbar,

Pfeffer, Nelken, Muskatnuss, Kardamom, Weihrauch und Zimt wurden ins Heilige Land gebracht. Der Handel wurde trotz politischer Schwierigkeiten aufrechterhalten.

dass der Papst vor Schreck tot umfiel. Sein Nachfolger gab den «Sünden der Einwohner» ebenso die Schuld wie «denen des gesamten christlichen Volkes» und forderte nachdrücklich eine starke Antwort.

Der Fall Jerusalems erschütterte die ganze christliche Welt. In der Folge brach eine große Expedition unter Führung der drei mächtigsten Männer Europas auf: Richard Löwenherz, der König von England, Philipp II. von Frankreich und Friedrich Barbarossa, der Kaiser des Heiligen Römischen Reiches. Sie erreichten allerdings so gut wie gar nichts, und ein Jahrzehnt später wurde ein weiterer ehrgeiziger Plan in die Wege geleitet, um das Heilige Land zurückzuerobern. Diesmal war das Ziel nicht Jerusalem und die Hafenstädte, die es belieferten, sondern zunächst Ägypten, dessen Einwohner so reich waren, das es hieß, sie seien «dem luxuriösen Leben zugetan». Alles in allem war dies für die Venezianer ein reizvolleres Ziel, und sie waren auch diejenigen, die das Projekt finanzierten.

Aber auch dieses Unternehmen lief nicht nach Plan. Die Kosten gerieten außer Kontrolle, eine schlechte Führung und chaotische Entscheidungen hatten zur Folge, dass die Kreuzritter sogar die christliche Stadt Zadar in Kroatien angriffen. Dabei hatten die Bewohner sogar Fahnen mit dem Zeichen des Kreuzes über die Mauern gehängt – und der Papst hatte die Kreuzritter ausdrücklich gewarnt, die Stadt zu verschonen. Venedig hatte jedoch schon lange ein Auge auf Zadar geworfen, griff es trotzdem an und eroberte die Stadt. Und dann drehte die Flotte, statt wie geplant weiter in Richtung Ägypten zu segeln, nach Konstantinopel ab, angelockt von der Aussicht auf reiche Schätze.

Im Jahr 1204 stürmten die Kreuzritter, nachdem sie vergeblich auf Bezahlung gewartet hatten, die große Hauptstadt des byzantinischen Reiches. Konstantinopel wurde verwüstet, und die Hölle auf Erden brach aus. Schatzkammern

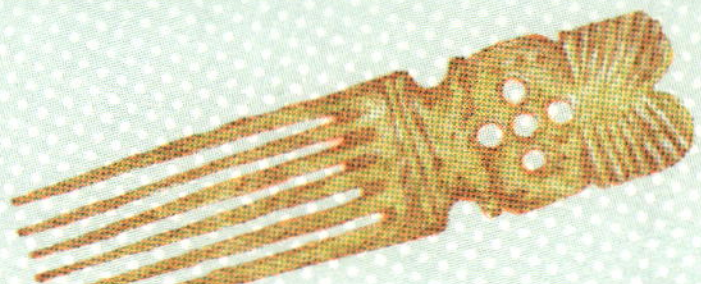

Weihrauch und antike Relikte aus Konstantinopel.

wurden ausgeräumt und die berühmtesten heiligen Reliquien gestohlen. Das traurige Schauspiel endete damit, dass die Stadt sowie die besten Ländereien des Reiches unter den Eroberern aufgeteilt wurden. Die Kreuzzüge, die eigentlich der Sache Gottes dienen sollten, waren zu einem Vorwand geworden, um sich mit Hilfe der Religion Macht und Reichtum anzueignen.

Nicht lange danach brach eine weitere Expedition auf, um das Heilige Land zurückzuerobern. Die Kreuzritter gerieten diesmal rasch vor Kairo in Schwierigkeiten, weil sie sich schlecht vorbereitet hatten. Schon bald drohte ihnen eine vernichtende Niederlage. Da traf die Nachricht ein, dass von Osten her ein gewaltiges Heer anrückte. Die Berichte waren lückenhaft, aber sie deckten sich mit den Legenden von einem mächtigen, christlichen König, der über ein riesiges Land herrschte, das «von Milch und Honig überfließt» und in dem es keine Schlangen gab und «keine Gifte schaden können». Die Meldungen waren falsch. Die Horden, die quer durch Asien galoppierten, gehörten keineswegs einem freundlich gesinnten Monarchen, der den Kreuzrittern zu Hilfe eilte. In Wirklichkeit handelte es sich um Krieger aus der Mongolei, und ihr Anführer war eine der berühmtesten Figuren der Geschichte: Dschingis Khan.

KAPITEL ACHT

Die Straße zur Hölle

Dschingis Khan und den Mongolen eilte ein furchteinflößender Ruf voraus. Sie lebten «wie Tiere», die «weder von Glauben noch Recht geleitet» wurden, berichtete ein Schreiber über sie. Gewalt und Raub seien für sie ein Zeichen von «Vortrefflichkeit und Männlichkeit». Ihre Kunstfertigkeit, beim Reiten mit dem Bogen zu schießen, war legendär, genau wie die blitzartige Geschwindigkeit, mit der sie sich bewegten. Mit Dschingis Khan an der Spitze waren die Mongolen so gut wie unbesiegbar.

Dschingis Khan war ein brillanter Stratege, der seinen Anhängern reichen Lohn versprechen konnte – und ihnen auch zukommen ließ. Er forderte bedingungslose Loyalität, und im Gegenzug bekamen alle, die ihm nahe standen, einen höheren Status und mehr Macht, je länger der Aufstieg der Mongolen anhielt. Und er hielt beängstigend lange an. Nachdem Dschingis Khan und seine Männer 1206 zu den Herren der Steppe geworden waren, wandten sie sich China zu, breiteten sich dort aus und überrannten schließlich Zhongdu (das heutige Beijing), die Hauptstadt der Jin-Dynastie.

Als Nächstes war Zentralasien an der Reihe, das rasch und grausam erobert wurde. Anschließend fielen mongolische Krieger «wie die Heuschrecken» in Russland ein, wo Gott sie den Menschen nach Meinung eines Mönches als Strafe geschickt hatte. Innerhalb weniger Jahrzehnte hatten die Mongolen das größte Landreich der Geschichte errichtet. Sie waren jedoch keineswegs nur blutrünstige Zerstörer. In Wirklichkeit waren die Mongolen kluge Verwalter, tolerant in Hinblick auf Religion und vernünftig, was den Handel und die Steuern betraf. Sie erkannten, dass Angst ein nützliches Mittel ist, um das zu bekommen,

was man wollte, hier und da sogar kampflos. Doch die Mongolen konnten gewiss erbarmungslos vorgehen, wie im Jahr 1258, als sie Bagdad eroberten: Sie schleiften die Einwohner «wie Spielzeug» durch die Straßen und ließen den Kalifen in Stoffe wickeln und dann von Pferden zu Tode trampeln. Trotzdem wuchs in Europa das Interesse an den Mongolen und an Asien. Es wurden Gesandte nach Osten geschickt, um mehr über die mächtigen Eroberer zu erfahren. Diese brachten Geschichten von den Orten mit, die sie besucht hatten, und von den Menschen, denen sie begegnet waren. Nicht alles davon entsprach der Wahrheit. Manche berichteten von Kreaturen mit menschlichen Körpern und Hundeköpfen, von Menschen mit Elefantenrüsseln als Ohren und von anderen, deren Füße verkehrt herum wären. Reisende wie Marco Polo erzählten, dass man Diamanten in den Adlerhorsten einsammeln könne, nachdem die Vögel sie unwissentlich im Fleisch von Kadavern aus steilen Schluchten geholt hatten.

Diese Sagen fanden sich auch in Schilderungen aus Asien wieder, wo die Menschen ebenfalls erpicht darauf waren, mehr über ferne Orte zu erfahren. Laut einem Bericht aus China war Mekka die Heimat Buddhas, und es existierte ein Land, in dem Frauen Kinder bekamen, «indem sie sich nackt der vollen Wucht des Südwindes aussetzten». Auch wenn diese Geschichten erfunden waren, beweist doch die Tatsache, dass man mehr Informationen, Nachrichten und Berichte aus ferneren Gegenden als je zuvor gesammelt hatte, dass die Welt immer enger miteinander verbunden war.

Bald wurden Leitfäden darüber geschrieben, welche Waren man wo und zu welchem Preis erwerben könne. Die Angst, beim Kauf und Verkauf von Waren übers Ohr gehauen zu werden, war das eine, doch zumindest brauchten Händler und Kaufleute nicht um ihre Sicherheit zu fürchten. China sei, schrieb der große arabische Reisende Ibn Battuta im 14. Jahrhundert, absolut sicher und ein Ort, wo «jemand neun Monate allein reisen und große Reichtümer mit sich führen kann, ohne dass er Angst haben muss».

Der Handel zwischen den Kontinenten boomte. Ein großer Teil davon strömte in das Reich Mali, das im 14. Jahrhundert von Mansa Musa regiert wurde; dank der reichen Goldvorkommen in Westafrika galt Musa in Europa als «der reichste und edelste König des ganzen Landes». Er war so reich, dass die Menschen aufkeuchten, als er auf seinem Weg nach Mekka durch Kairo reiste, weil er so viele Diener und so viel Gold mit sich führte. In den 1340er Jahren wurde diese Entwicklung jedoch abrupt unterbrochen. Diesmal waren weder Krieg noch Gewalt an der Katastrophe schuld, sondern eine Krankheit, die sich entlang der Seidenstraßen rasch von Stadt zu Stadt ausbreitete und in einem schier unvorstellbaren Ausmaß Tod und Zerstörung mit sich brachte. Die Pest breitete sich wie ein Feuer von den Steppen Zentralasiens bis nach Europa, Persien und in den Nahen Osten aus und weiter bis Ägypten und auf die Arabische Halbinsel. Millionen von Menschen fielen ihr zum Opfer. Die Seuche wurde von Flöhen übertragen, die entweder beim Blutsaugen oder über ihren Kot Bakterien in den menschlichen Blutkreislauf abgaben. Infizierte Menschen entwickelten Beulen, sobald die Bakterien zu den Lymphknoten gelangten, etwa in der Achsel oder der Leiste, die rasch anschwollen. Der Reihe nach wurden andere Organe angesteckt. Das löste schwere innere Blutungen und die charakteristischen schwarzen Hautsäcke voller Blut und Eiter aus, die den Opfern einen so furchtbaren Anblick verliehen. Die Seuche wurde schon bald der Schwarze Tod genannt.

Das Leid war unermesslich. Ganze Städte wurden ausgelöscht. Es kamen so viele Menschen um, dass nicht einmal genügend Menschen am Leben blieben, um die Toten zu beerdigen. Manche Schreiber ließen am Ende ihrer Bücher einige Blätter

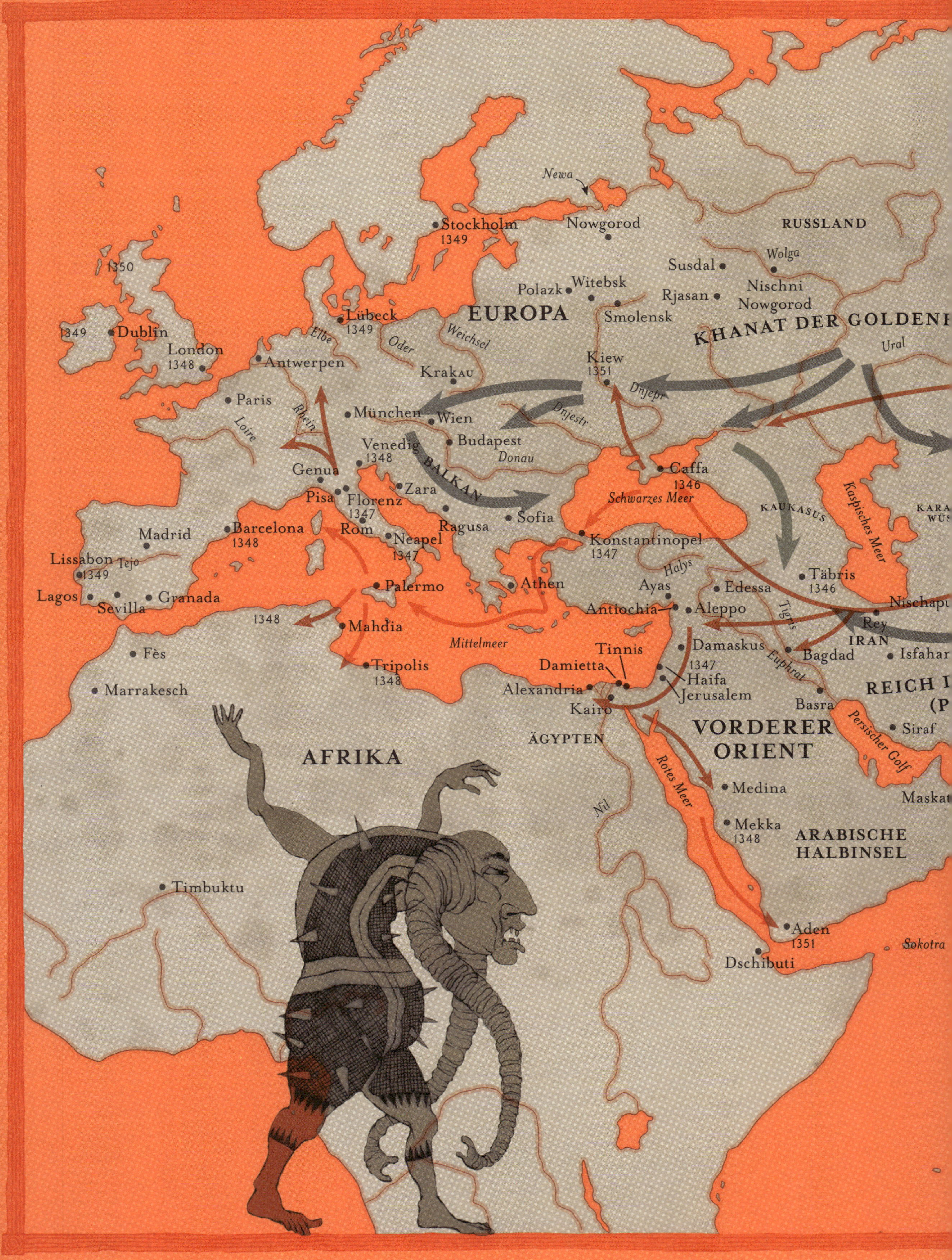
Newa
Stockholm
1349
Nowgorod
RUSSLAND
1350
Wolga
Susdal
Polazk
Witebsk
Rjasan
Nischni
Nowgorod
EUROPA
Smolensk
1349
Dublin
Lübeck
1349
KHANAT DER GOLDENEN
London
1348
Elbe
Oder
Weichsel
Ural
Antwerpen
Krakau
Kiew
1351
Dnjepr
Paris
München
Wien
Dnjestr
Rhein
Loire
Budapest
Venedig
1348
Donau
Genua
BALKAN
Caffa
1346
Zara
Pisa
Florenz
1347
Schwarzes Meer
KAUKASUS
Kaspisches Meer
Madrid
Barcelona
1348
Rom
Ragusa
Sofia
Neapel
1347
Konstantinopel
1347
Lissabon
Tejo
1349
Halys
Täbris
1346
Lagos
Sevilla
Granada
Palermo
Athen
Ayas
Edessa
Antiochia
Aleppo
Tigris
Nischapur
Rey
1348
Mahdia
IRAN
Fès
Mittelmeer
Tinnis
Damaskus
1347
Bagdad
Isfahan
Tripolis
1348
Damietta
Haifa
Euphrat
Marrakesch
Alexandria
Jerusalem
Basra
Kairo
Siraf
ÄGYPTEN
VORDERER
ORIENT
AFRIKA
Persischer Golf
Rotes Meer
Medina
Maskat
Nil
Mekka
1348
ARABISCHE
HALBINSEL
Timbuktu
Aden
1351
Sokotra
Dschibuti

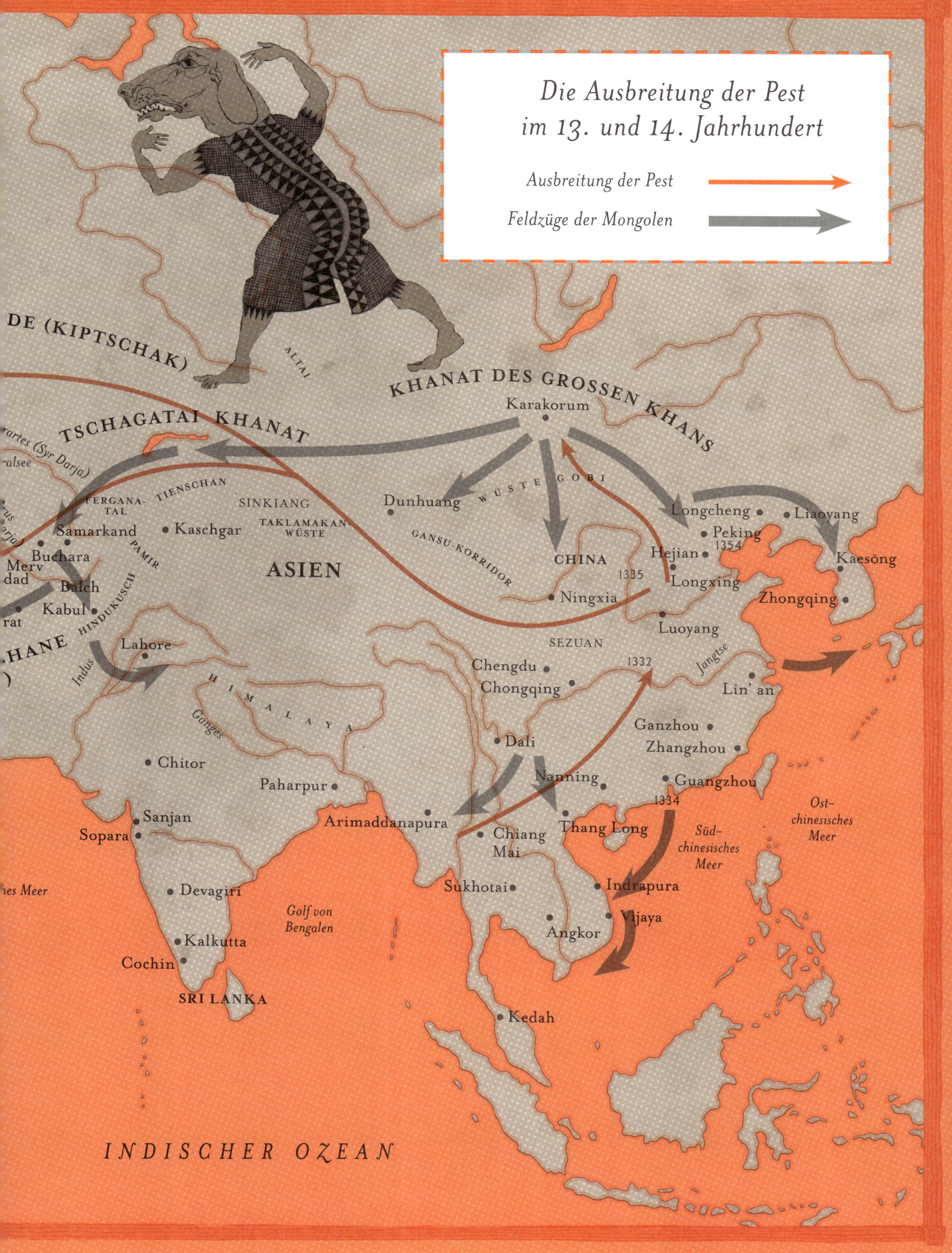
Die Ausbreitung der Pest
im 13. und 14. Jahrhundert
Ausbreitung der Pest
Feldzüge der Mongolen
DE (KIPTSCHAK)
ALTAI
KHANAT DES GROSSEN KHANS
Karakorum
TSCHAGATAI KHANAT
(Syr Darja)
FERGANA-TAL
TIENSCHAN
SINKIANG
TAKLAMAKAN-WÜSTE
WÜSTE GOBI
Dunhuang
Samarkand
Kaschgar
PAMIR
Buchara
Merv
Balch
Kabul
HINDUKUSCH
ASIEN
GANSU-KORRIDOR
CHINA
Ningxia
Longcheng
Liaoyang
Peking
1354
Hejian
1335
Longxing
Kaesŏng
Zhongqing
Luoyang
SEZUAN
HANE
Lahore
Indus
HIMALAYA
Ganges
Chengdu
Chongqing
1332
Jangtse
Lin' an
Ganzhou
Zhangzhou
Dali
Chitor
Paharpur
Nanning
Guangzhou
1334
Sanjan
Sopara
Arimaddanapura
Chiang Mai
Thang Long
Süd-chinesisches Meer
Ost-chinesisches Meer
Devagiri
Sukhotai
Indrapura
Golf von Bengalen
Vijaya
Angkor
Kalkutta
Cochin
SRI LANKA
Kedah
INDISCHER OZEAN

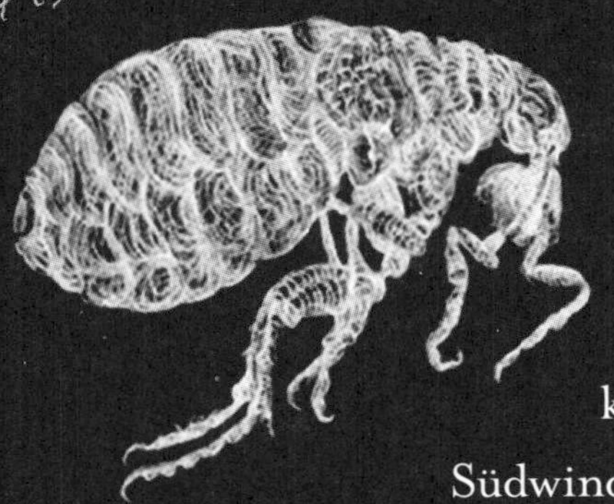

frei, für den Fall, dass «künftig jemand am Leben bleiben» und das Werk vollenden konnte. Andere gaben Ratschläge, wie man eine Ansteckung vermeiden könne. Man solle auf keinen Fall baden, erklärte ein Priester in Schweden, und den Südwind meiden – zumindest bis Mittag. Muslimische Gelehrte drängten die Gläubigen, ein bestimmtes Gebet elf Mal am Tag aufzusagen. Es brachte jedoch nichts.

Die Zahl der Todesopfer war unvorstellbar. Man vermutet, dass allein in Europa ein Drittel der Bevölkerung binnen weniger als fünf Jahren umkam, außerdem vierzig Prozent in Ägypten und mehrere zehn Millionen in Asien. Merkwürdigerweise bedeutete der Siegeszug des Schwarzen Todes zugleich auch sein Ende: Die Aussichten, eine Ansteckung zu überleben, waren so gut wie Null, was hieß, dass die Ansteckungsrate, sobald die Dichte der Bevölkerung abnahm, rasch fiel, weil niemand mehr übrig war, der die Krankheit übertragen konnte.

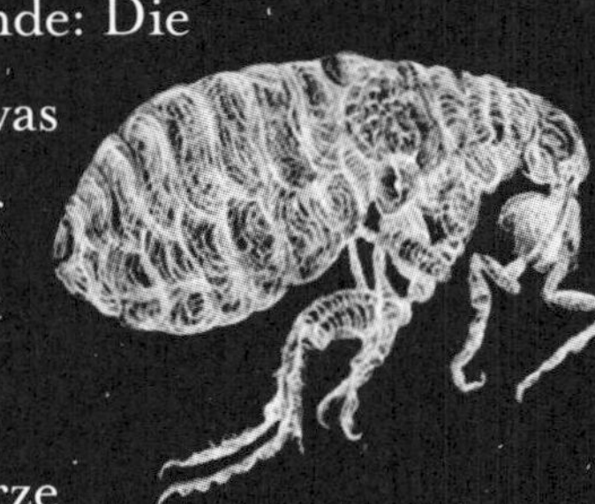

Allmählich kehrte das normale Leben zurück. Aber der Schwarze Tod hatte einen verblüffenden Nebeneffekt. Bei der geschrumpften Bevölkerung wurde die Kluft zwischen Reich und Arm kleiner, weil die Landbesitzer den Arbeitern und Pächtern günstigere Bedingungen gewähren mussten. Auch die Löhne stiegen, weil es weniger Menschen gab, die arbeiten konnten, was bedeutete, dass die Arbeitsfähigen eine bessere Bezahlung fordern konnten. Und der Umgang mit Geld änderte sich ebenfalls, weil Menschen, die Freunde und Angehörige leiden und sterben gesehen hatten, aufhörten zu sparen und das Geld stattdessen eifriger ausgaben. Schließlich musste man das Leben doch genießen, solange man noch Gelegenheit dazu hatte!

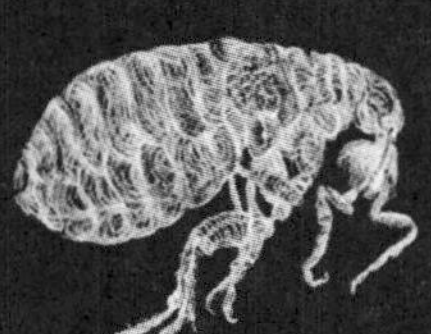

Um 1400 waren die Auswirkungen dieser Tendenz von Europa bis in den Mittleren Osten und nach China überall zu spüren. Mit den steigenden Gewinnen aus dem verstärkten Handel mit Asien, der sich auf ein sorgfältig geplantes Netzwerk aus Handelsposten und Beziehungen stützte, wurden in Venedig Paläste gebaut. Schriftsteller und Künstler stellten fest, dass bislang zögerliche Mäzene nunmehr bereit waren, sie für ihre Arbeit zu bezahlen. Das schlug sich in der Kunst in neuen Formen, Stilen und in der Qualität nieder.

Diese neue Woge ehrgeiziger Ziele führte die osmanischen Türken nicht nur bis vor

die Mauern des christlichen Konstantinopels, sondern auch tief hinein in den Balkan. Ein Kriegsherr namens Timur, oder Tamerlan, folgte den Fußstapfen Dschingis Khans und errichtete im Herzen Asiens ein riesiges neues Reich. Städte wie Samarkand schmückte er mit Monumenten aus, die noch heute zu sehen sind.

Zur gleichen Zeit waren in China Anfang des 15. Jahrhunderts unter der Ming-Dynastie gigantische Bauprojekte im Gang, darunter ein Kanalsystem, das die größten Städte miteinander verband, sowie ein groß angelegter Plan zur Erneuerung Beijings. Man baute auch unter hohen Kosten eine gewaltige Flotte und schickte sie unter dem Kommando von Admiral Zheng aus, um mehr über Südostasien, Indien, den Golf und Afrika in Erfahrung zu bringen. Geschenke und exotische Tiere wie Giraffen wurden an den begeisterten Hof gebracht, der unbedingt mehr über die Welt jenseits der eigenen Grenzen wissen wollte.

Diese aufregenden und dynamischen Entwicklungen zeigten sich auch anderswo. Im westlichen Afrika nahm das Songhai-Reich Formen an. Seine Hauptstadt war die große Oasenstadt Timbuktu, die an der Kreuzung der Sahara-Wege liegt. Die Stadt beherbergte nicht nur große Bibliotheken, sondern auch berühmte Gelehrte, und als ihre kostbarste Ware galten Bücher.

In Portugal reisten Abenteurer wegen der Verbesserungen in der Schifffahrttechnik an der Küste Afrikas entlang. Den Menschen, mit denen sie in Kontakt kamen, brachte das kein Glück. Unzählige Männer, Frauen und Kinder wurden gefangen genommen und versklavt. Man brandmarkte sie mit heißen Eisen und verkaufte sie am Kai in Lagos, Portugal, an den Meistbietenden. Jedoch gab es einen Mann, der zwei Mal an Expeditionen zur Kartierung der Küste Afrikas teilgenommen und andere Ideen hatte. Er interessierte sich nicht übermäßig für Sklaverei, sondern für die Erschließung von Handelsrouten nach Asien. Er war überzeugt, dass er, wenn er über den großen Ozean nach Westen segelte, irgendwann die reichen Märkte Indiens und Chinas erreichen würde – es gelang ihm sogar, Ferdinand und Isabella, die Könige von Kastilien und Aragon (im heutigen Spanien) zu überreden, ihm Gelder zur Verfügung zu stellen. Sein Name war Christoph Kolumbus.

KAPITEL NEUN

Die Straße zu neuen Welten

Im August 1492 brach Kolumbus ins Ungewisse auf. Als er sieben Monate später über den Atlantik zurückkehrte, versetzte die Nachricht von seinen Entdeckungen ganz Europa in helle Aufregung. Er berichtete, dass er bislang unbekannte Teile Indiens entdeckt habe, die fruchtbarer als alle Gegenden der Welt seien, wo man die Menge an Gewürzen nicht zählen könne und wo «große Goldminen wie auch andere Erzgruben» nur darauf warteten, ausgebeutet zu werden. Das klang alles zu schön, um wahr zu sein. Und in Wirklichkeit war auch nichts davon wahr.

Kolumbus und andere Seefahrer überquerten in den folgenden Jahren jedoch immer wieder den Atlantik, und schließlich fanden sie, wonach sie gesucht hatten. Zuerst wurden vor der Küste des heutigen Venezuelas mehrere Austernbänke entdeckt, die säckeweise Perlen produzierten. Darauf folgten die Meldungen von einer hoch entwickelten aztekischen Zivilisation in Mittelamerika und eines Inka-Reiches in Südamerika, die über unglaubliche Reichtümer verfügten. Beide gerieten rasch ins Visier derjenigen, die auf der Suche nach Ruhm und Geld aus Europa aufgebrochen waren.

Die einheimischen Bevölkerungen wurden mit unvorstellbarer Brutalität behandelt, mit «solch großer Grausamkeit, dass andere Sterbliche nie so etwas gesehen oder für möglich gehalten haben», wie ein Augenzeuge es formulierte. Habgier war der Kern der Gewalt. «Ich und meine Gefährten leiden unter einer Erkrankung des Herzens, die nur mit Gold geheilt werden kann», sagte ein spanischer Soldat den Einheimischen, denen er begegnete. Als sie die aztekische Hauptstadt Tenochtitlán erreichten, benahmen sich die Europäer «wie

Die Azteken konnten gegen die Spanier und ihre Verbündeten nichts ausrichten. Ihnen wurde alles genommen.

wilde Ungeheuer». «Jeder Mann war von Habgier vollkommen besessen», als sie Gold von den Schilden losschlugen, Juwelen aus Kronen herausbrachen und alle Wertgegenstände plünderten. In einem Bericht hieß es kurz und bündig: «Sie nahmen sich alles.»

Damit nicht genug, traten auf einmal Krankheiten auf, die bislang auf dem amerikanischen Kontinent unbekannt gewesen waren. Die Bewohner besaßen keine Abwehrkräfte dagegen. Der Ausbruch von Pocken und Grippe erwies sich als tödlich. Hinzu kam die Hungersnot, als die Bevölkerung schwand und immer weniger Menschen die Felder anbauten. Nach kurzer Zeit waren die Seewege über den Atlantik dicht befahren, und die Schätze wurden nach Europa gebracht. Es wurde so viel Gold und Silber nach Spanien importiert, dass man es wie Weizen im Hafen deponierte. Ein Beobachter zählte, dass an einem einzigen Tag 322 Karrenladungen Edelmetall ausgeladen wurden. Es ist kein Wunder, dass manche die Entdeckung der Neuen Welt, wie man Amerika später nannte, als das «großartigste Ereignis seit der Schöpfung» bezeichneten.

Der gewaltige Reichtum, der nach Europa floss, machte den Herrscher Spaniens, Karl V., zum weitaus mächtigsten Mann auf dem Kontinent. Dank seiner unlängst erworbenen finanziellen Mittel dominierte er über seine Gegner und sorgte im Jahr 1519 dafür, dass er Kaiser des Heiligen Römischen Reiches wurde. Sein Erfolg wurde für andere Könige zum Problem, denn sie sahen sich von einem Herrscher überboten und ausmanövriert, der entschlossen war, seine Macht immer weiter auszudehnen.

Allerdings lief nicht alles so, wie Spanien es sich wünschte. Nur fünf Jahre nach der ersten Überfahrt von Kolumbus segelte eine portugiesische Flotte unter Vasco da Gama in die entgegengesetzte Richtung – nach Osten, mit Kurs auf Asien. Nach der Umrundung der Südspitze Afrikas fand Gama einen Weg zum Persischen Golf und weiter nach Indien. Damit eröffnete er einen Seeweg, der ebenso bedeutend und lohnend war wie die Fahrt über den Atlantik.

Nur wenige Jahre später brachten bereits die ersten seetüchtigen Schiffe Frachten aus dem Ausland mit. Die Einwohner Venedigs klagten, ihre Stadt sei dem Untergang geweiht, weil die Waren, die bisher auf ihren Märkten verkauft wurden, jetzt übers Meer zu anderen Städten gelangen, wo sie billiger sein würden als in Venedig. Denn die auf See beförderten Waren mussten nicht wie auf dem Landweg an den Grenzposten mehrfach verzollt werden und waren dadurch billiger. Die Menschen, die

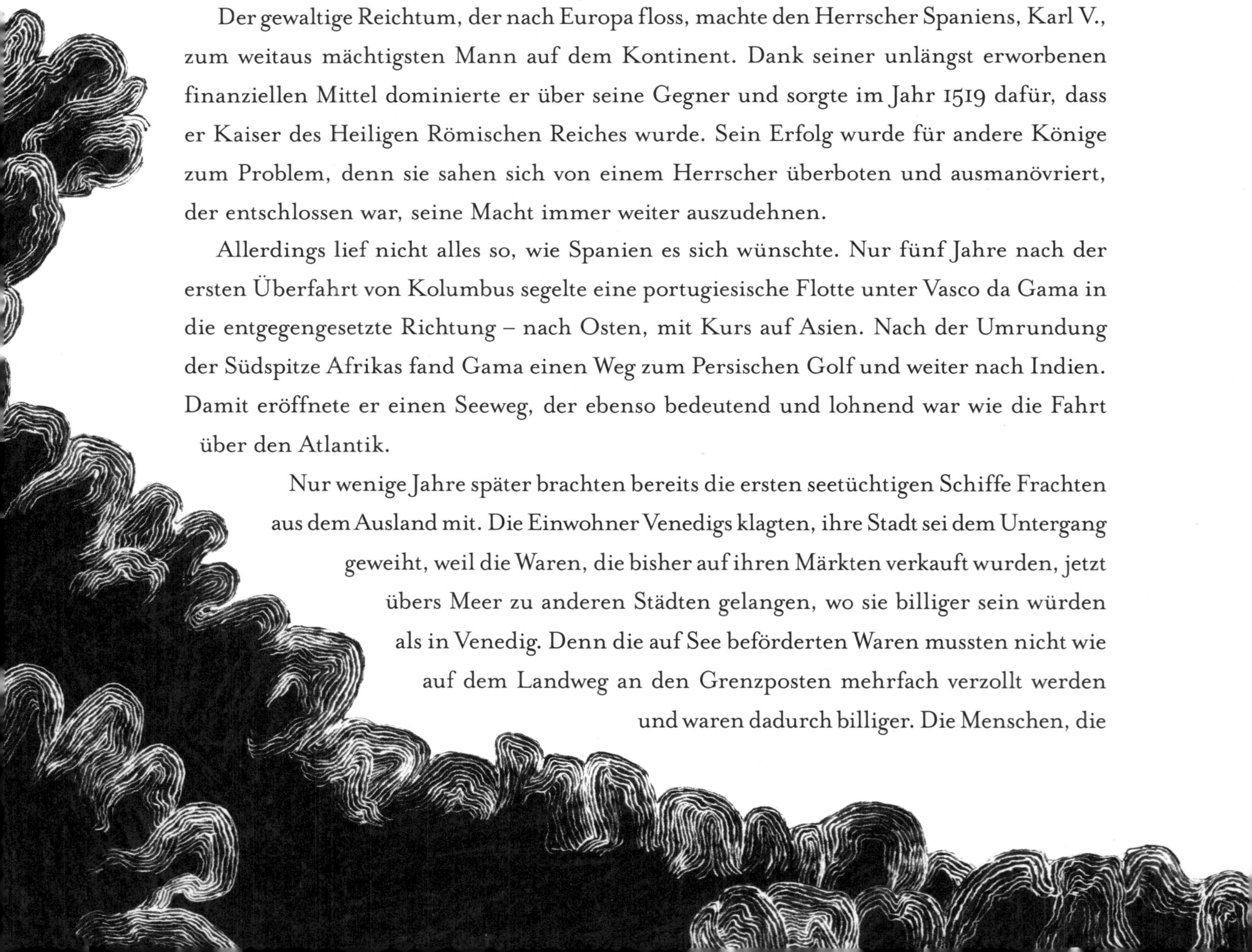

früher aus ganz Europa nach Venedig gekommen waren, «um mit ihrem Geld Gewürze zu kaufen, werden sich jetzt nach Lissabon wenden», sagte ein kluger Mann, der später Doge oder Herrscher der Stadt wurde. Die Angst vor einem Niedergang Venedigs war jedoch fehl am Platz, zumindest vorerst. Zum einen waren die Meere gefährlich, und über die Hälfte der Schiffe, die am Anfang des 16. Jahrhunderts nach Asien segelten, kehrte nie zurück. Zum anderen legten etwa die Osmanen keinen Wert auf Neuankömmlinge in der Region. Immerhin liefen sie nicht nur Gefahr, einen Wirtschaftszweig zu verlieren, sondern auch, militärische Rivalen zu bekommen. Die Portugiesen wiederum waren entschlossen, ihre einträgliche Stellung zu verteidigen, und schickten sich an, Forts und Festungen zu bauen. Das hatte Zusammenstöße auf See zur Folge; und Venedig und das muslimische Ägypten sprachen sogar darüber, ein Bündnis gegen die Emporkömmlinge zu schmieden, welche drohten, die alten Handelsmuster zu stören.

Unterdessen stießen die spanischen und portugiesischen Abenteurer immer weiter vor, bis nach Indien, zu den Gewürzinseln im Fernen Osten und an die Küste Chinas. Es gelang ihnen sogar eine Weltumsegelung über den Pazifik. Auf einen Schlag befand sich Europa nicht mehr am falschen Ende der Welt, sondern in ihrem Zentrum – im Mittelpunkt der Kontinente. Aber nicht genug damit, das eigene Herz Europas hatte sich vom Osten des Kontinents nach Westen verschoben, der näher an Amerika und an den neuen Seewegen nach Afrika und Asien lag. Ein Zeitgenosse in Spanien sagte, diese Epoche sollte das goldene Zeitalter genannt werden. Dem konnte man kaum widersprechen.

Textilien, Töpferwaren und exotische Produkte wurden in immer größeren Mengen angeboten, und es fanden sich viele Neureiche unter den eifrigen und zahlungsfähigen Kunden.

Christoph Kolumbus' berühmtes Schiff, die Santa Maria.

Vor allem Gewürze waren gefragt. Sie dienten nicht nur zum Kochen, sondern waren auch als Arznei bedeutend. Kardamom tat angeblich bei Blähungen gut, Muskatnussöl hingegen half bei einem verdorbenen Magen. Teure Gewürze wie Zimt, Nelken, Ingwer und Pfeffer standen für Reichtum und Status: Die Reichen konnten sie sich leisten, und wer kein Geld hatte, ging leer aus.

Diese Fülle wurde zum großen Teil mit dem Gold, dem Silber und anderen Schätzen bezahlt, die gewaltsam oder durch Ausbeutung aus Amerika kamen: Eine Mine in den Anden im heutigen Bolivien erwies sich als das größte Silbervorkommen der Geschichte. Über hundert Jahre lang war sie Quelle für über die Hälfte der weltweiten Silberproduktion. Wenig später wurden die ersten Sklaven unter horrenden Bedingungen scharenweise aus Afrika verschifft, um die Besiedelung Amerikas, die Kolonisierung und Plünderung der Schätze zu erleichtern.

Nicht nur Europa profitierte davon, dass Afrika und Amerika ausgebeutet wurden. Auch Asien blühte auf als Folge der steigenden Geldmenge, die in die Region floss. Mit diesem Reichtum konnten die Herrscher ihre Städte wie nie zuvor ausschmücken, ihre Autorität ausdehnen und ihre Errungenschaften feiern. Einem zentralasiatischen Herrscher namens Babur und seinen Nachfolgern, den sogenannten Moguln, gelang es auf diese Weise, ein Reich aufzubauen, das Zentralasien mit einem großen Teil des heutigen Indiens und Pakistans vereinte. Die Moguln gründeten Städte wie Lahore, Jaipur und Fatehpur Sikri mit riesigen Palästen, um ihre legendären Schätze zur Schau zu stellen, und bauten Monumente wie den Taj Mahal, um verstorbener Geliebter zu gedenken. Die finanziellen Mittel ermöglichten es den Reichen, das Beste zu kaufen, das für Geld zu haben war. In Persien begann Schah Abbas I. ein gigantisches Projekt, das die Stadt Isfahan zu einem der Weltwunder machen sollte. Es entstanden Geschäfte, Moscheen, Badehäuser und Gärten, die in nah und fern berühmt waren. Auch die Herrscher in China und im Osmanischen Reich stellten die Früchte des gesteigerten Austauschs mit anderen Teilen der Welt zur Schau und profitierten so von einem ruhmreichen Zeitalter der Literatur, Kunst und Architektur.

Die neuen globalen Handelsmuster eröffneten neue Möglichkeiten. Es herrschte kein Mangel an Beschäftigungen für Kanoniere, Navigatoren, Kaufleute und Spekulanten in Europa, die sehr bald merkten, dass sie mit Hilfe des unterschiedlichen Werts der Edelmetalle in Asien von einem Land zum anderen schnell große Gewinne einstreichen konnten. Viele leckten sich die Lippen bei dem Gedanken, was der Osten zu bieten hatte. Manche stellten sich bereits die Frage, ob die Europäer in Asien nicht vielleicht genauso wie in Amerika vorgehen könnten. Der Handel mochte große Gewinne abwerfen, doch eine Eroberung könnte noch mehr einbringen.

KAPITEL ZEHN

Die Straße nach Nordeuropa

Das Kräftegleichgewicht in Europa hatte sich von Ost nach West verschoben, als Portugal und Spanien von den Reichtümern, die sie erwarben, dick und fett wurden. Kaum jemanden neidete ihnen das mehr als die Engländer. Es war schlimm genug, dass sich der Inhalt der Staatskassen der Rivalen Englands praktisch über Nacht vervielfachte; noch schlimmer war, dass dieser Gold- und Silberregen allem Anschein nach von Gott gewollt war. Europa war mittlerweile von einer Reihe religiöser Unruhen wie der Reformation erschüttert worden und hatte sich in Katholiken (mit dem Papst an der Spitze) und Protestanten geteilt. Portugal und Spanien hatten katholische Herrscher; Englands protestantische Königin Elisabeth I. war im Jahr 1570 von Papst Pius V. als «Dienerin des Verbrechens» verurteilt worden. Nach dem Willen des Papstes durften ihre Untertanen ihren Gesetzen nicht länger Folge leisten.

Da England selbst in Protestanten und Katholiken gespalten war und im Ausland unzählige Feinde hatte, war es ratsam, sich auf einen Angriff vorzubereiten, der unvermeidlich schien. Große Mengen an Geld flossen in die Entwicklung von Kriegsschiffen, die Englands Küste schützen sollten. Innerhalb von nur zwei Jahrzehnten verdreifachte sich die Zahl schneller, großer Schiffe, die mehr und größere Kanonen an Bord nehmen konnten. Als Folge wurde die Kunst der Seefahrt drastisch verbessert, und englische Seeleute lernten, wie man mit diesen großen neuen Schiffen unter schwierigen Bedingungen zurechtkam. Im Jahr 1588, als die spanische Armada eintraf, waren die Engländer in der Lage, ihre Rivalen im Kampf zu schlagen und bloßzustellen. Die Spanier mussten gedemütigt abziehen.

Die Fertigkeiten, die sich die Engländer zum Schutz ihrer Küste aneigneten, erwiesen sich noch in anderer Hinsicht als überaus nützlich: Englische Kapitäne wurden zu scharfsinnigen und raffinierten Beutejägern und fingen Schiffe auf ihrer Rückkehr von Amerika oder Asien ab. Sie enterten die Schiffe, luden ihre Waren (wie Gewürze, Perlen und Stoffe) ab und segelten nach Hause. In manchen Fällen erbeuteten sie sogar ganze Schiffe und schleppten sie in englische Häfen.

Man versuchte sogar, an unwahrscheinlichen Orten Freundschaften zu knüpfen. Königin Elisabeth schickte Gesandte in das osmanische Konstantinopel und versicherte dem Sultan, die Protestanten hätten ganz ähnliche Anschauungen wie die muslimischen Osmanen, was die religiösen Bilder und die Feindseligkeit zu den Katholiken angehe. Die Königin schickte wertvolle Geschenke wie eine Orgel, von der der Sultan sehr angetan war, und schrieb sich mit seiner Mutter Briefe über die besten Parfüms. Botschafter und Abenteurer wurden noch weiter geschickt, bis nach Moskau und Persien, um englischen Kaufleuten den Zugang zu neuen Märkten zu eröffnen.

Unterdessen litt die protestantische Bevölkerung der Niederlande unter den Spaniern, die unbedingt ihre Autorität auf ganz Europa ausdehnen und jeden Widerstand zerschlagen wollten. Man berichtete vom Vorgehen der Spanier in Amerika, wo Millionen Menschen ermordet worden waren, und warnte davor, dass sie mit den Menschen in Europa, deren religiöse Überzeugungen sich nicht mit ihren deckten, ebenso verfahren würden.

Die Niederländer reagierten, indem sie die Sache selbst in die Hand nahmen. Sie investierten nicht nur in den Schiffbau, sondern entwickelten auch systematisch Pläne für den Aufbau von Beziehungen zu anderen Teilen der Welt, die Amsterdam (die Hauptstadt) finanziell unterstützen würden. Der Schlüssel zum Erfolg war ein neues Handelsunternehmen namens Niederländische Ostindien-Kompanie. So war es Investoren möglich, ihre Ressourcen zusammenzulegen gemäß der Summe, die sie zur Verfügung hatten. Auf diese Weise wurde das Risiko auf viele Schultern verteilt, falls etwas schiefgehen sollte, und wenn es nach Plan lief, profitierten alle davon. Im Laufe von zwei Jahrzehnten blühte die niederländische Republik auf.

Nichts wurde dem Zufall überlassen. Als sich die Niederländer die Gewürzinseln im Fernen Osten zum Ziel aussuchten, machten sie gewissenhaft ihre Hausaufgaben und fertigten Karten an, auf denen die Hafenstädte, Buchten und Siedlungen genau angezeigt wurden. Sie verfassten außerdem Texte, die Grammatik und Wortschatz der Sprachen

Königin Elisabeth I. knüpfte viele enge Beziehungen für ihr Land.

Süd- und Südostasiens wie Tamil, Malayalam und Tagalog auflisteten. Die Niederländer verschafften sich durch die Vertreibung der Portugiesen eine Basis und dehnten ihren Einfluss kontinuierlich aus, indem sie ein Netz aus Standorten aufbauten, das sich von Indien und dem heutigen Sri Lanka bis zum heutigen Indonesien erstreckte. Und auf einmal stellten sie fest, dass sie praktisch ein Monopol auf den Gewürzhandel hatten.

Der Lohn stellte sich schon bald ein. Amsterdam entwickelte eine eifrige Bautätigkeit – Lagerhäuser und prächtige Wohnhäuser schossen entlang seiner Kanäle aus dem Boden. Auch die schönen Künste erlebten eine Blütezeit, und Maler wie Frans Hals, Rembrandt und Vermeer schufen Werke von großartiger Schönheit und unglaublichem Ideenreichtum. In dem Maß, wie die Städte Nordeuropas gediehen, wuchs auch ihre Bevölkerung rasant an. Der Erfolg wurde von einer strengen Arbeitsmoral getragen – das Volk war bereit, viele Stunden zu arbeiten, um die eigenen Chancen zu verbessern.

Die Europäer bauten Reiche auf, die sich über Kontinente erstreckten. Europa selbst war ein gewaltsamer Ort, wo fast unablässig Krieg herrschte. Die Feudalgesellschaft verherrlichte militärische Tapferkeit, und das spornte wiederum Innovationen in der Militärtechnik an, denen außerordentliche Bedeutung zukommen sollte. Europäische Waffen waren besser als alle auf der Welt, sie wurden in China bewundert und in Afrika und Amerika gefürchtet.

All dies bedeutete, dass die Engländer, als sie sich Asien und Nordamerika zuwandten, eine günstige Ausgangsposition besaßen. Der Erfolg ging auf den Aufbau einer Flotte zurück, die beispielhaft dafür war, wie eine gute Organisation geleitet werden musste: Man

Amsterdam entwickelte sich dank des Fernhandels mit dem Osten zu einer florierenden Stadt.

förderte Seeleute wegen ihrer Verdienste; man überlegte intensiv, weshalb Seeschlachten einen ungünstigen Ausgang genommen hatten, und lernte aus seinen Fehlern. Zudem überlegten es sich die Engländer zweimal, in welche Kriege sie sich einmischten. Häufig hielten sie sich aus Konflikten heraus, die kostspielig waren und deren Ausgang zweifelhaft war. England hatte keine Landgrenzen und brauchte folglich keine große Armee zu unterhalten – was wiederum hieß, dass seine Militärausgaben deutlich niedriger waren als die seiner europäischen Rivalen.

Obwohl erste Bemühungen für den Aufbau eines Handelsnetzes eher durchwachsenen Erfolg hatten, sah die Lage um 1700 vielversprechender aus. Die britische Ostindien-Kompanie, die nach dem ähnlichen Muster wie das niederländische Gegenstück gegründet worden war, baute eine beneidenswerte Stellung in Asien auf, und einige Beamte häuften mit der Zeit außergewöhnliche Reichtümer an. Zu Hause verspottete man sie als Self-made-Millionäre, dabei waren die meisten nur neidisch auf ihren Wohlstand.

Die Geschäftsmethoden der Ostindien-Kompanie waren allerdings nicht gerade etwas, auf das man stolz sein konnte. Viele Beamte benahmen sich wie Ganoven, verliehen Geld zu unzumutbar hohen Zinssätzen und mischten sich auf der Seite desjenigen, der am meisten zahlte, in lokale Konflikte ein. Es war allerdings schwer, der Versuchung zu widerstehen, für sich das Beste herauszuschlagen in einer Welt, wo Reichtum so sehr verherrlicht wurde. Mächtige Herrscher wie die Moguln ließen sich an ihren Geburtstagen sogar mit Juwelen, Edelmetallen und anderen Schätzen aufwiegen.

Das berüchtigtste Beispiel für das Gebaren der Ostindien-Kompanie ereignete sich im Jahr 1757, als eine von Robert Clive, einem Angestellten der Handelsgesellschaft, angeführte Truppe nach Kalkutta marschierte, um nach einem Überfall auf die Stadt durch den Nawab (Herrscher) von Bengalen einzugreifen. Kurzerhand verschaffte er sich die Kontrolle über die Diwani, die dortige Steuerbehörde, und bediente sich an den Einkünften einer der am dichtesten bevölkerten und wirtschaftlich erfolgreichsten Regionen Asiens: die Heimat einer Textilindustrie, die mehr als die Hälfte des gesamten Imports nach Großbritannien aus dem Osten ausmachte. Fast über Nacht wurde er zu einem der reichsten Männer der Welt.

Im Lauf des folgenden Jahrzehnts nahmen Vertreter der Ostindien-Kompanie von den Bengalen Geldgeschenke in Höhe von zig Milliarden Pfund nach heutigem Wert an. Und das war noch nicht einmal das Schlimmste. Habgier und Misswirtschaft gepaart mit mehreren schlechten Ernten lösten in Bengalen eine Hungersnot aus, der ein Drittel der Bevölkerung – mindestens zehn Millionen Menschen – zum Opfer fiel. In London waren viele empört darüber, dass die Europäer sich bereicherten, während die Bengalen verhungerten. Clive argumentierte jedoch, dass man ihm kaum einen Vorwurf machen könne: Schließlich sei es seine Aufgabe, sagte er dem Parlament, die Aktionäre der Gesellschaft zu schützen und ihnen zu dienen – nicht der einheimischen Bevölkerung.

Jenseits des Atlantiks verfolgten viele Menschen, die in den dreizehn britischen Kolonien Nordamerikas lebten, das Geschehen mit Entsetzen. Denn wenn die Briten imstande waren, die Menschen in einem Teil der Welt so schlecht zu behandeln, warum dann nicht auch in anderen? Als die Regierung in London beschloss, die Steuern für die amerikanischen Kolonien zu erhöhen, brach die Hölle los. Flugblätter kursierten, in denen man der Ostindien-Kompanie vorwarf, sich auf «Tyrannei, Raub, Unterdrückung und Blutvergießen» zu spezialisieren. Als mit Tee beladene Schiffe in den Bostoner Hafen einliefen, warf man ihre Fracht ins Wasser: Lieber sollte der Tee auf dem Meeresgrund liegen, als dass man London dafür Steuern zahlte. Es war der Beginn einer Revolution – die am 4. Juli 1776 schließlich zur Unabhängigkeitserklärung der Vereinigten Staaten führte.

Der Verlust der dreizehn Kolonien in Nordamerika war ein demütigender Rückschlag für Großbritannien und unterstrich lediglich, wie wichtig es war, die britischen Besitztümer abzusichern. Alle Augen blickten auf die Stellungen in Asien. Großbritannien mochte die Vereinigten Staaten verloren haben, aber es würde doch niemals Indien verlieren?

KAPITEL ELF

Die Straße zu Konflikten

Veränderung lag in der Luft. Und zwar nicht nur in Nordamerika, wo sich die Vereinigten Staaten in Folge der Unabhängigkeitserklärung dramatisch nach Süden und Westen ausdehnten. Die Ansiedlung europäischer Kolonisten Ende des 18. Jahrhunderts hatte auch auf Australien gewaltigen Einfluss, vor allem auf die einheimischen Völker, die erbarmungslos aus den Ländern ihrer Vorfahren vertrieben wurden. Im Jahr 1789 brach in Frankreich eine Revolution aus, in deren Verlauf der König öffentlich enthauptet wurde, und viele befürchteten, dass in den Nachbarländern das Gleiche passieren würde. Auch in Südamerika, in Argentinien, Chile und Brasilien wurden die Rufe nach Unabhängigkeit immer lauter, während andere versuchten, sich von der Herrschaft durch das ferne Spanien und Portugal zu befreien. In Südafrika schloss der Zulu-Stammesführer Schaka mit mehreren Stammesführern Abkommen, sodass ein mächtiges neues Reich entstand.

Es gab jedoch auch welche, die glaubten, sie könnten den Wandel verhindern. Kaiser Qianlong in China sagte dem britischen Botschafter ganz offen, er sei an einem Handel mit den Briten nicht interessiert. «Wir besitzen bereits alles», sagte er verächtlich. «Ich habe keinen Bedarf an den Waren Ihres Landes.» Tatsächlich wurden Bedingungen ausgehandelt, nach denen es britischen Kaufleuten erlaubt war, in China zu arbeiten. Doch die Chinesen waren zu Recht misstrauisch: Wenig später setzten die Briten nicht nur Gewalt ein, um ihre Stellung zu verbessern, sondern handelten auch mit einer besonders hinterhältigen Droge namens Opium, die jeden, der sie nimmt, zu einem zombieähnlichen Süchtigen macht.

Persien im Herzen der Welt machte ganz ähnliche Erfahrungen. Die Menschen dort erfuhren am eigenen Leib, welche Risiken und Gefahren ein Bündnis mit den Briten mit sich brachte. Zu Beginn des 19. Jahrhunderts bemühte sich London intensiv, den persischen Schah für sich zu gewinnen, indem es ihm teure Geschenke machte und militärischen Beistand anbot. Das lag zum Teil an der strategischen Bedeutung des Persischen Golfs als Handelsweg, aber auch an den Ereignissen in Frankreich: Aus den Trümmern der Revolution war ein neues Frankreich auferstanden, unter der Führung eines ehrgeizigen Herrschers, Napoleon Bonaparte, der ein Auge auf die britischen Besitztümer in Indien und anderswo geworfen hatte.

Napoleon Bonaparte

Im Jahr 1812, als Napoleon in Russland einmarschierte, kündigten die Briten jedoch ihr Bündnis mit Persien auf, zugunsten einer neuen Freundschaft mit den Erzrivalen Persiens, den Russen. Damit nicht genug: Die Briten unterstützten anschließend einen russischen Angriff auf Persien und halfen sogar bei der Ausarbeitung eines Friedensvertrags, der dem russischen Zaren große Teile des persischen Territoriums übertrug. Das Verhalten der Briten sei schändlich, teilte der persische Botschafter dem britischen Außenminister Lord Castlereagh mit. Die Briten hätten Persien «feste Versprechen» gegeben, und das Land habe sich auf «die große Freundschaft» verlassen, die man ihnen zugesichert hätte. Es «wird England gewiss nicht zur Ehre gereichen», dass es seinen Verbündeten verraten habe.

Für Großbritannien hatte jedoch der Sieg über Napoleon oberste Priorität. Am Ende gelang dies in der Schlacht von Waterloo im Jahr 1815. Ironischerweise stieg die Bedrohung durch Russland zur gleichen Zeit wie die von Frankreich ausgehende Gefahr sank. Russlands Ambitionen weiteten sich rasch aus – ebenso wie seine Grenzen, als immer mehr Gebiete unter die Kontrolle des Zaren gebracht wurden. In den 1830er Jahren herrschte in London echte Alarmstimmung, weil Russland «ein bisschen zu nahe an unsere Tür nach Indien» vorgerückt war. Man musste etwas unternehmen, um die britischen Interessen zu wahren.

Großbritannien schickte Spione nach Zentralasien, die versuchen sollten, die Unterstützung lokaler Emire (Herrscher) und Kriegsherren zu gewinnen. Man hoffte, die Russen so in Schach zu halten. Das ging jedoch schief. Britische Offiziere wurden misstrauisch beäugt, einige sogar verhaftet und vor den Augen von Zuschauern hingerichtet. Noch schlimmere

Folgen hatte die katastrophale Entscheidung, eine große Streitmacht zu entsenden, um bei dem internen Machtkampf in Afghanistan Partei zu ergreifen. Im Jahr 1842 wurde eine lange Armeekolonne beim Abzug aus dem Land in den Bergen angegriffen. Nach der Legende überlebte nur ein einziger Mann den Hinterhalt. Es war eine der schmachvollsten Episoden in der britischen Militärgeschichte.

Schon bald bot sich jedoch eine Gelegenheit, Russland in die Schranken zu weisen: Im Jahr 1853 nahm man Streitigkeiten über die Behandlung von Christen im Osmanischen Reich zum Anlass, Truppen auf die Krim zu entsenden, einer Halbinsel im Schwarzen Meer. Das eigentliche Ziel war es laut Lord Palmerston (dem späteren britischen Premierminister), «die aggressiven Ambitionen Russlands zu zügeln». Den Krimkrieg konnte man kaum einen Erfolg nennen, doch am Ende waren die Russen gezwungen, um Frieden zu bitten.

Die im Friedensvertrag auferlegten Bedingungen waren für Russland eine Katastrophe. Im Kaukasus mussten sie große Gebiete abtreten, womit der Zar gedemütig werden sollte; außerdem entschied man, der russischen Armee und Flotte den Zugang zum Schwarzen Meer zu verwehren. Das traf Russland besonders schwer, weil die Häfen am Schwarzen Meer die einzige Möglichkeit waren, das ganze Jahr über Weizen aus den reichen Feldern im Süden des Landes zu exportieren (die meisten anderen Häfen froren im Winter zu).

Königin Victoria

Der britische Versuch, Russland zu erwürgen, scheiterte jedoch. Nach der Blamage durch den schwachen Auftritt seiner Soldaten im Krieg ordnete der Zar eine Reform seiner Armee an: Er verbesserte ihre Ausbildung, senkte das durchschnittliche Alter der Soldaten und modernisierte die Ausrüstung. Außerdem schaffte er die Leibeigenschaft ab, ein System, das einen großen Teil der Bevölkerung an die Ländereien reicher Grundbesitzer band und einer Form der Sklaverei gleichkam.

Es war der Auftakt zu einer Phase von erstaunlichem Wachstum. Russische Truppen stießen nach Zentralasien vor und dehnten ihre Reichsgrenzen dramatisch aus. Ein Erster Minister Russlands bemerkte begeistert, die neuen Ländereien

Der Angriff der Leichten Brigade während des Krim-Krieges ist eine der berühmtesten – und leichtsinnigsten – Militäroperationen der Geschichte.

Eine Reihe von Missverständnissen führte dazu, dass die britische Kavallerie direkt in die russischen Kanonen hineinritt.

seien «reich an Gold, Holz, Pelzen und unendlichen für die Landwirtschaft geeigneten Flächen». Man verlegte Bahngleise, die Wladiwostok am Pazifik im Osten mit der Nordsee im Westen sowie die Arktis im Norden mit dem Kaspischen Meer im Süden verbanden. Um die erforderlichen Gelder zu beschaffen, traf man im Jahr 1867 schließlich die Entscheidung, Alaska zu verkaufen: an die Vereinigten Staaten.

Durch Russlands Expansion klingelten in London die Alarmglocken, und diese wurden durch endlose Gerüchte über Spione und Truppenbewegungen nicht gerade leiser. Manche waren davon überzeugt, dass ein Angriff auf Indien nur eine Frage der Zeit sei. Andere bewahrten die Ruhe und argumentierten, die Berater und Beamten des Zaren hätten keinen wirklichen Masterplan, sondern nutzten lediglich die Gelegenheiten, die sich ihnen boten.

Dennoch stand viel auf dem Spiel – und das nicht nur in Indien. Großbritannien wollte unbedingt seine beherrschende Handelsstellung in China verteidigen, wo mehr als 80 Prozent aller Waren an Bord britischer Schiffe befördert und vier Fünftel aller Zolleinnahmen von britischen Unternehmen gezahlt wurden. Außerdem gab es noch Persien, wo man sich behutsam bemühte, die Schahs für sich zu gewinnen, nicht zuletzt, indem man ihnen prestigeträchtige Belohnungen wie die Aufnahme in den Hosenbandorden (die höchste zivile und militärische Ehre Englands) gewährte und einer Reihe von Herrschern Geld für ihren kostspieligen Lebenswandel lieh.

Persien war wegen seiner geographischen Lage, durch die es den Golf und den darauf fließenden Handel kontrollierte, ein Sorgenkind, aber auch, weil es einen Zugang zu Südasien und Indien bot. Bemühungen der Russen, die Beziehungen zu Persien und seinen Herrschern zu verbessern, wurden von den Briten argwöhnisch beobachtet. Zu Beginn des 20. Jahrhunderts geschah etwas, wodurch Persien noch mehr an Bedeutung gewann: Bei der Erkundung durch ein britisches Unternehmen entdeckte man Erdöl.

Ein ehrgeiziger junger Abgeordneter erkannte, was auf dem Spiel stand. «Wenn wir das Öl nicht bekommen», sagte er 1913 im Unterhaus, «dann bekommen wir kein Getreide, keine Baumwolle und keine der tausendundeine anderen Waren.» Er drängte die Regierung darauf, sich die Aktienmehrheit der Ölgesellschaft zu sichern, welche später in British Petroleum (BP) umbenannt wurde, und erklärte, dass Großbritanniens Zukunft dann sicher sei. Dieser junge Mann namens Winston Churchill wusste nicht, dass die Welt in Kürze in einen Krieg stürzen würde. Aber falls es so weit kam, wäre Großbritannien gut vorbereitet – dank der Schätze, die im Boden Persiens schlummerten.

KAPITEL ZWÖLF

Die Straße in den Krieg

Am Anfang des 20. Jahrhunderts schienen überall auf der Welt Schwierigkeiten aufzutauchen. Aufstände und Rebellionen in Südafrika und in China weckten Befürchtungen, dass sich die Flutwelle auch gegen das mächtige Britische Reich richten würde, welches sich über jeden bewohnten Kontinent erstreckte. Und in Asien hatte sich das Zarenreich Gebiete, Staaten und Emirate einverleibt, sodass der Puffer zwischen britischen Interessen in Indien, Persien und anderswo nur noch «hauchdünn» sei, so ein hoher Diplomat.

Ein Mann hatte jedoch eine andere Idee. Es war unmöglich, schlussfolgerte der neue britische Außenminister Sir Edward Grey, alle Grenzen zu schützen, die man für die Verteidigung in Asien bräuchte. Das wäre zu kostspielig und zu schwierig. Am besten sei es stattdessen, ein Bündnis mit Russland zu schließen und nach Möglichkeiten Ausschau zu halten, sich über Angelegenheiten von beiderseitigem Interesse zu einigen.

Es gab gute Gründe für die Annahme, dass dies funktionieren könnte. Mitte des 19. Jahrhunderts hatte ein brillanter Stratege namens Otto von Bismarck einen großen Teil Europas vereinigt. Er führte eine Reihe von Eroberungen an, in deren Verlauf sich viele deutsche Staaten zu einem Reich unter Führung des Königs von Preußen zusammenschlossen. (Das Königreich Preußen setzte sich aus Teilen zusammen, die heute zu Polen, Deutschland und einem Zipfel Russlands

Otto von Bismarck

gehören.) Im Jahr 1870 marschierten deutsche Soldaten in Frankreich ein und belagerten sogar Paris. Noch während der Kämpfe wurde die Geburt eines neuen deutschen Staates verkündet, und der siegreiche preußische Herrscher Wilhelm I. war nicht mehr nur König von Preußen, sondern Kaiser des vereinigten Deutschen Reiches.

Wie Russland erlebte auch Deutschland im späten 19. Jahrhundert einen umfassenden Wandel. In den zwei Jahrzehnten nach 1890 verdoppelte sich die Kohleproduktion, während sich die Metallproduktion sogar verdreifachte. Aus Deutschland wurde eine wirtschaftliche Großmacht, die das Herz Europas dominierte. Die Rüstungsausgaben schnellten in die Höhe. Französische Diplomaten bemühten sich deshalb verzweifelt um ein Bündnis, das sie schützen würde, falls ihr Land wieder angegriffen wurde. Im Jahr 1904 schlossen Frankreich und Großbritannien eine *Entente cordiale* (französisch für «friedliche Einigung»); darauf folgte im Jahr 1907 ein dreiseitiges Abkommen, die sogenannte *Triple Entente* zwischen Frankreich, Großbritannien und Russland – die Deutschland einkreiste.

Es sei unerlässlich, sagte Grey, mit Russland zusammenzuarbeiten. Das sei die einzige Möglichkeit, Indien «von allen Besorgnissen und Belastungen» zu befreien und zu verhindern, dass dem Zaren «diejenigen Teile Persiens in die Hände fielen, die uns gefährlich werden könnten». Doch all das hatte seinen Preis. Gute Beziehungen zu Frankreich und vor allem zu Russland seien «viel wichtiger» als gute Beziehungen zu Deutschland, schrieb ein britischer Regierungsvertreter, selbst wenn das bedeute, den Kontakt zu Berlin einzustellen. Die Russen verfolgten das Ganze aufmerksam und merkten, dass Großbritannien offenbar derartig erpicht darauf war, das Regime des Zaren glücklich zu machen, dass man London zu Zugeständnissen bewegen konnte.

Im Jahr 1914 hatte Großbritannien bereits «nichts mehr zu geben». Grey und seine Berater hatten panische Angst davor, dass sich Russland und Deutschland womöglich untereinander auf ein Abkommen einigten. Die Befürchtungen, worauf die Deutschen es eigentlich abgesehen hätten, wurden immer akuter. Deutschland habe «nie etwas anderes für uns getan, als uns bluten zu lassen», schrieb ein hoher Diplomat. «Es ist verlogen und habgierig und wirtschaftlich und politisch wahrhaft unser Feind.»

Diese Sicht teilten keineswegs alle, schon gar nicht in Deutschland, wo das Bündnis zwischen Frankreich und Russland panische Angst vor einem Krieg an zwei Flanken gleichzeitig auslöste. Die Spannungen wuchsen in ganz Europa. Überall flackerten kleine Krisenherde auf, die theoretisch einen Krieg auslösen konnten.

Britannien und Deutschland wetteiferten darum, wer mehr und bessere Kriegsschiffe bauen konnte.

Viele glaubten an einen kurzen Krieg. Doch in den folgenden Grabenkämpfen wurden die heranrückenden Soldaten reihenweise niedergemäht.

Im Sommer 1914 wurde Franz Ferdinand, der Thronerbe von Österreich-Ungarn, in Sarajevo in Bosnien erschossen. Es gab eigentlich keinen Grund zu der Annahme, dass dieser Vorfall die Länder Europas in einen Krieg treiben und den Rest der Welt mit sich reißen würde. Doch in den folgenden Tagen ließen die Akteure die Muskeln spielen, sprachen Drohungen aus und erteilten den Armeen den Befehl, sich auf den Kampf vorzubereiten. Für Millionen sollte dies tödliche Konsequenzen haben.

Da russische Soldaten entlang der Grenze zu Österreich-Ungarn mobilisiert wurden, zog das deutsche Oberkommando daraus den Schluss, man dürfe nicht abwarten, ob sich die Situation nicht doch beruhigen würde. Deutschland setzte seine eigenen Kriegspläne für eine Invasion in Frankreich in Kraft, mit dem Ziel, diese rasch abzuschließen, um sich anschließend Russland zuzuwenden. In dem Moment, als Grey erkannte, dass «in ganz Europa die Lichter ausgehen», war es bereits zu spät. Großbritannien befand sich in einer unmöglichen Lage. Obwohl es um jeden Preis einen Krieg vermeiden wollte, musste es jetzt Farbe bekennen. Botschafter im Ausland warnten London, wenn die britische Regierung Russland nicht unterstütze, «steht unsere pure Existenz als Empire auf dem Spiel».

Also brach im Sommer 1914 der Erste Weltkrieg aus. Kein Mensch hätte vorausgesagt, dass er vier Jahre dauern und Millionen Tote und unzählige Millionen mehr Verwundete fordern würde. Die Kriege, an denen Generäle zuvor teilgenommen oder von ihnen gelesen hatten, waren immer kurz gewesen; das Grauen in den Schützengräben war unvorstellbar, ebenso wie die Todeszonen von Flandern oder an der Somme und das Leiden der Männer, die scharenweise in den Tod geschickt wurden.

Als 1918 endlich Frieden geschlossen wurde, war Europa am Boden zerstört. Zu Beginn des Krieges hatten viele Länder in Europa, selbst das winzige Belgien, Kolonien in Übersee besessen. Am Ende war diese Ära so gut wie vorbei. Die meisten Kaiser waren abgetreten, wurden von ihren Thronen verjagt, und im Fall des Zaren samt seiner Frau, dem Sohn und vier Töchtern in einem dunklen Kerker in Jekaterinburg ermordet. Überall loderten die Flammen der Revolution auf. Sie setzten ganz Russland in Brand und machten aus dem einstigen Zarenreich die kommunistische Sowjetunion.

Es gab jedoch auch Positives: Vor dem Krieg hatten Frauen für ihr Wahlrecht gestritten, nicht zuletzt in Großbritannien, wo Emmeline Pankhurst gemeinsam mit anderen Frauen im Kampf um gleiche Rechte wie die Männer sogar einen Hungerstreik begann und eine Inhaftierung in Kauf nahm. Der Krieg trug maßgeblich dazu bei, die Gleichberechtigung zu fördern. In Europa verlieh ein Land nach dem anderen – sowie die Vereinigten Staaten

Der Offizier blies in seine Pfeife, um die Männer aus den Gräben zu befehlen – oft blickten sie direkt in die Läufe von Gewehren und Pistolen.

Emmeline Pankhurst

und viele Teile des ehemaligen Russischen Reiches – Frauen das Wahlrecht, sobald endlich Frieden eingetreten war.

Der wirtschaftliche Schaden war allerdings enorm. Großbritannien war bankrott. Vor vier Jahren war es noch die reichste Nation der Welt gewesen, jetzt war es die am höchsten verschuldete. In dem Versuch, die Staatskasse wieder zu füllen, suchten Großbritannien und Frankreich jemanden, dem man die Schuld geben konnte und der dafür bezahlte – und man zeigte mit dem Finger auf Deutschland. In den Friedensregelungen, die auf den Waffenstillstand vom 11. November 1918 folgten, legte der Vertrag von Versailles fest, dass der Krieg die Schuld Deutschlands gewesen sei. Es war nicht nur verpflichtet, «die Verantwortung zu übernehmen», sondern an Großbritannien und Frankreich gigantische Summen als Schadenersatz zu zahlen.

Es bestand keine realistische Chance, dass diese Rechnungen jemals wirklich beglichen werden konnten. Doch die Forderungen und ihre Auswirkungen waren erniedrigend, genau wie die Tatsache, dass große Teile des Deutschen Reiches abgetrennt wurden und dass Österreich-Ungarn im Grunde aufgelöst wurde. So kam in Deutschland das Gefühl auf, man sei ungerecht behandelt worden, und dieses Gefühl machten sich in den 1920er und 1930er Jahren zornige Politiker zunutze, die vom Wiederaufbau eines neuen Reiches und von Rache an denen sprachen, die für das Geschehen verantwortlich waren. Niemand ahnte, dass die Vereinbarungen am Ende des Ersten Weltkrieges unbeabsichtigt den Weg für den Aufstieg Adolf Hitlers und der Nazis bereiteten.

KAPITEL DREIZEHN

Die Straße ins Verderben

Die vor, während und nach dem Ersten Weltkrieg getroffenen Entscheidungen hatten nicht nur für Europa dramatische Folgen. Sie veränderten auch den Nahen und Mittleren Osten: Das Erdöl in der Region spielte schon im Krieg eine wichtige Rolle. Kurz nach Beginn der Feindseligkeiten begannen die Diskussionen zwischen Großbritannien und seinen Verbündeten, wie das Osmanische Reich aufgeteilt werden sollte. Großbritannien hatte ein Auge auf das Öl Persiens und Mesopotamiens geworfen. «Es ist mir egal», sagte der Außenminister Arthur Balfour, «unter welchem System wir das Öl bekommen.» Es sei nur entscheidend, dass sie es bekamen. Britische Truppen wurden in den Nahen Osten geschickt, besetzten Basra und Bagdad und wurden später auch im ölreichen Kaukasus tätig. Die Sicherung der Region war lebenswichtig.

Am Ende einigten sich Großbritannien und Frankreich im sogenannten Sykes-Picot-Abkommen darauf, wer welche Regionen im Nahen Osten bekommen sollte. Später wurde allerdings noch nachgebessert, als es den Briten gelang, die Stadt Mossul und deren Ölvorkommen ihrer Seite zuzuschlagen.

Man erkannte auch die Bedeutung von Jerusalem und Palästina, nicht zuletzt, weil sie als ein Puffer für den Suezkanal dienten – diese enorm wichtige künstliche Wasserstraße, der es zu verdanken ist, dass Schiffe von Europa nach Asien und zurück nicht mehr um ganz Afrika fahren müssen. Der Kanal sei, so die Worte eines deutschen Politikers, das Rückenmark des Britischen Empires, das die Wirbelsäule mit dem Gehirn verbinde.

Aber Palästina war auch deshalb wichtig, weil seine Lage ideal war für Pipelines von den

Ölfeldern, mit deren Hilfe lange Schiffsreisen durch den Persischen Golf vermieden werden konnten. Darüber hinaus verfügte die Region in Haifa bereits über einen tiefen Hafen, der sich für die Beladung von Tankern eignete. Wegen der großen Bedeutung marschierte T. E. Lawrence (besser bekannt als Lawrence von Arabien) mit arabischen Verbündeten quer durch die Wüste, um im Winter 1917 erst Aqaba und danach Jerusalem zu erobern – das perfekte «Weihnachtsgeschenk für das britische Volk», wie der Premierminister es nannte.

Schließlich kam Palästina eine weitere Rolle zu: Es sollte ein Problem lösen, das seit geraumer Zeit manchem in Großbritannien Kopfzerbrechen bereitete. Viele hatten große Bedenken wegen der steigenden Zahl der jüdischen Einwanderer nach Großbritannien, vor allem aus Russland, wo Juden sehr schlecht behandelt und häufig zum Opfer gewaltsamer Verfolgungen wurden. Das führte zu Diskussionen, ob man nicht Land in Ostafrika zur Verfügung stellen sollte, um dort anstelle von Großbritannien eine jüdische Ansiedlung zu fördern; im Jahr 1917 tendierten die Überlegungen jedoch bereits zur «Errichtung einer nationalen Heimstätte für das jüdische Volk», wie es in einem Brief hieß, der an die Presse durchsickerte. Aus der nationalen Heimstätte entstand später dann der Staat Israel.

Die Neugestaltung des Nahen und Mittleren Ostens nach dem Ersten Weltkrieg hatte Konsequenzen, die noch heute zu spüren sind. Es wurden neue Länder geschaffen mit Grenzen, die überhaupt nichts mit der Geschichte, der Landschaft oder den Wünschen der einheimischen Bevölkerung zu tun hatten, sondern lediglich die Interessen Großbritanniens und Frankreichs widerspiegelten. Der Schutz der nationalen Interessen und, im Fall Großbritanniens, der Ölvorkommen gab den Ausschlag. Man legte großen Wert darauf, lokale Herrscher einzusetzen, die zur Kooperation bereit waren und keine Schwierigkeiten machten. Offenbar war es den Politikern völlig gleichgültig, wer das war. «Es spielt wirklich keine Rolle», sagte ein hoher britischer Diplomat damals, «ob wir die drei fettesten Männer aus Bagdad oder die drei mit den längsten Bärten auswählen, um sie als Symbole einer arabischen Herrschaft zu präsentieren.» Jeder kam in Frage, solange er auf die britische Unterstützung angewiesen oder bereit war, Schmiergelder anzunehmen.

Auch in den neuen Ländern wie dem Irak wurden Herrscher eingesetzt, wenn die Briten auch darauf bestanden, sich um die Außenpolitik und die Verteidigung zu kümmern und sogar zu entscheiden, wer die Justiz und die Wirtschaft leitete. Das Gleiche geschah im Iran, wo die Kontrolle über das Land auf ganz ähnliche Weise hergestellt wurde. Wie zu erwarten, kam das bei der einheimischen Bevölkerung nicht gut an. Ihr gefiel es gar nicht,

In Russland verkündete Lenin die Vision einer neuen kommunistischen Zukunft. Die Menschen waren den Krieg leid, in dem so viele gefallen waren, sie litten Hunger und waren wütend, dass wenige Menschen so viel Land besaßen.

Lenin und seine Kameraden zettelten eine Revolution an und übernahmen 1917 die Macht. Die Folge war ein brutaler Bürgerkrieg – und die Geburt der Sowjetunion.

dass Ausländer ihnen sagen wollten, was sie zu tun hatten – schon gar nicht Leute, die mit dem Ölgeschäft saftige Gewinne machten. Erst als Anfang der 1930er Jahre Maßnahmen zur Verstaatlichung der Ölindustrie und zur Verdrängung der britischen Eigentümer getroffen wurden, einigte man sich auf ein neues Abkommen, das die Gewinne gerechter aufteilen sollte als zuvor.

Allerdings ging es nicht nur ums Geld – in einer sich verändernden Welt spielten auch Themen wie Freiheit und nationale Identität eine Rolle. Viele Menschen, die von Europa erobert und kolonisiert worden waren, forderten nun ihr Recht auf Selbstverwaltung ein, um nicht länger von weit entfernt lebenden Menschen regiert zu werden. Obwohl der Irak und Persien genau genommen keine Kolonien waren, fühlten sich die Bewohner dort so. Je eher der Einfluss Großbritanniens gelockert wurde, desto besser.

In den 1920er und 1930er Jahren kam es zu großen Unruhen. Noch vor Ende des Ersten Weltkrieges war in Russland eine Revolution ausgebrochen. Millionen Menschen starben, als Lenin und die Bolschewiken die Macht an sich rissen und sich anschickten, die Kontrolle über das ganze riesige Land auszudehnen.

Bürgerkrieg, Gewalt, Krankheiten und Hungersnöte waren der Preis, den die Menschen für den Traum der sozialistischen Utopie Sowjetunion zahlten, wo die Schätze der Reichen und Mächtigen beschlagnahmt und unter allen gleichmäßig neu aufgeteilt werden sollten. Was daraus hervorging, war in Wirklichkeit ein System, in dem der Führer – zuerst Lenin, dann Stalin – genauso mächtig war wie früher der Zar, wenn nicht noch mächtiger. Unter der neuen Herrschaft wurden unzählige Bürger verhaftet und entweder in Arbeitslager gesteckt oder hingerichtet. In dem neu gebildeten Staatswesen konnten schon ein Verdacht oder ein paar geflüsterte Worte zum Tod führen.

Deutschland machte nach dem Ersten Weltkrieg ebenfalls dramatische Veränderungen durch. Die militärische Niederlage und die demütigenden Friedensbestimmungen lähmten das Land und boten Extremisten eine ideale Plattform. Adolf Hitlers Aufrufe zur Erneuerung und zu einem Wiederaufbau fielen auf fruchtbaren Boden. Viele verschlossen die Augen vor dem widerwärtigen Antisemitismus und Fanatismus, der typisch für die Partei der Nationalsozialisten war.

Eigentlich waren Deutschland und die Sowjetunion vollkommen gegensätzlich und hätten Todfeinde sein müssen. Erstaunlicherweise vereinbarten Hitler und Stalin jedoch im Jahr 1939 in einem Abkommen, Polen und die baltischen Staaten aufzuteilen. Nicht genug damit, versprach Stalin sogar, Deutschland mit Rohstoffen und Gütern wie Öl, Eisen und Weizen zu beliefern, die dort knapp waren. Hitler war hocherfreut. Nunmehr biete sich Deutschland die Gelegenheit, sagte er, seinen ihm rechtmäßig gebührenden Platz in der Welt einzunehmen – aber man müsse skrupellos vorgehen. Wenn man sich daran halte, könne Deutschland endlich wieder erstarken.

Politische Gefangene mussten in der Sowjetunion Zwangsarbeit verrichten. Viele starben unter den unmenschlichen Bedingungen.

KAPITEL VIERZEHN

Die Straße des Leidens

Am 1. September 1939 überschritten deutsche Soldaten die Grenze zu Polen. Die Heldentaten der polnischen Armee reichten nicht aus, um den Ansturm abzuwehren. Die Franzosen und die Briten erklärten Hitler nach dieser Invasion zwar den Krieg, unternahmen jedoch kaum etwas. Britische Flugzeuge tauchten am Himmel über Deutschland auf – allerdings nur, um Flugblätter abzuwerfen, die, so meinte man, «eine deprimierende Wirkung auf die Moral des deutschen Volkes» haben würden.

Unterdessen herrschte in Zentralasien Alarmstimmung, denn britische Diplomaten erwarteten hier jeden Moment einen Angriff der Roten Armee, ehe sie nach Süden in Richtung Indien vorrückte. Man befürchtete ferner, dass die Sowjets oder die Deutschen, womöglich sogar beide, im Iran und im Irak aktiv werden und damit auch die Kontrolle über die britischen Ölinteressen übernehmen könnten. Schon bald wurden in der Tat entsprechende Pläne ausgearbeitet, während man sich außerdem darum bemühte, lokale Herrscher mit verlockenden Versprechen auf die eigene Seite zu ziehen: Ein hoher deutscher Beamter erklärte dem König von Afghanistan, dass man ihm große Teile Nordindiens sowie die wichtige Hafenstadt Karatschi übergeben würde als Gegenleistung für seinen Beistand gegen die Briten.

Aus diesem besonderen Plan wurde zwar nichts, doch es war erstaunlich, wie außerordentlich beliebt Hitler unter großen Teilen der muslimischen Welt war. Das lag nicht zuletzt an dem fanatischen Antisemitismus, den manche Muslime wie der Großmufti von Jerusalem (ein Rechtsexperte und zugleich Herrscher) teilten, der die Juden selbst als «Abschaum

DÄNEMARK
GROSS-
BRITANNIEN
NIEDERLANDE
DEUTSCHLAND
BELGIEN
FRANKREICH
SCHWEIZ
ÖSTERREICH
JUGOSLAWIEN
ITALIEN

1939 schlossen Hitler und Stalin einen Pakt, der zum Einmarsch Deutschlands in Polen führte, bevor die Armeen in Belgien, Holland und Frankreich einmarschierten.

und Ungeziefer» bezeichnete. Aber Hitler wurde auch für seine Ideen bewundert, die seinen Anhängern ein goldenes Zeitalter zurückbringen sollten. Hitler war von der Idee einer alten «arischen» Rasse besessen, die rassisch gesehen rein war – und deren Nachfahren (zum Glück für die Nazis) in Deutschland anzutreffen waren. Diese Idee machte auch in Persien Schule, und der Schah beschloss, den Namen seines Landes in «Iran» zu ändern, um sein Volk ebenfalls mit den «Ariern» der Vergangenheit in Verbindung zu bringen. Auch im Irak wurden Ideen zur Wiederherstellung des Ruhms vergangener Zeiten begeistert aufgegriffen, indem man die Baath-Partei gründete: die Partei der Wiedergeburt. Sie hätten viel miteinander gemeinsam, sagte Hitler einem Sondergesandten aus Saudi-Arabien: Die Deutschen wollten kein Land in Arabien erobern und beide Länder hätten dieselben Feinde: die Juden. Er erklärte, er selbst werde nicht eher ruhen, bis der letzte Jude Deutschland verlassen habe.

Auf die rasche Niederlage Polens folgten Angriffe in Belgien und den Niederlanden und der unglaubliche und rasante Zusammenbruch Frankreichs, das nach wenig mehr als einem Monat kapitulierte. Hitler war zum Herrscher Europas geworden. Allein Großbritannien leistete ihm noch Widerstand und wehrte sich tapfer gegen die Bemühungen der Luftwaffe in der Schlacht um England von 1940. Doch die Luftschlacht sollte nur der Auftakt einer umfassenden Invasion sein, und am Ende des Jahres wurden bereits ehrgeizigere Pläne geschmiedet.

Hitler hatte es schon vor dem Krieg auf die fruchtbaren Felder Südrusslands und der Ukraine abgesehen. Wenn Deutschland diese in seine Gewalt bekomme, sagte er, dann könne «man uns nicht wieder wie im letzten Krieg aushungern». Die militärischen Erfolge in ganz Europa hatten ihren Preis gekostet: In die Wehrmacht eingezogene Männer fehlten in der deutschen Landwirtschaft. Die Lebensmittel wurden knapp, und das machte einige führende Nazis nervös. Welchen Sinn hatten Kriege, wenn es nicht genug zu essen gab?

Die Antwort lag auf der Hand. «Auf den unübersehbaren Feldern des Ostens wogt das gelbe Getreide», stellte Joseph Goebbels, einer der wichtigsten Gefolgsmänner Hitlers, fest, «genug und übergenug, um unser Volk und ganz Europa zu ernähren.»

Die großen Felder der Ukraine und Südrusslands waren berühmt für ihre fruchtbare Erde und ihre ergiebigen Ernten.

Es wurden Pläne für die Aufteilung der Sowjetunion ausgearbeitet: in ein «Überschussgebiet» und ein «Zuschussgebiet», je nachdem, ob die Teile des Landes über Ressourcen verfügten, die die Deutschen brauchten, oder nicht. Die Pläne legten auch dar, was passieren würde, wenn die Armee vorrückte und die Weizenfelder im Süden besetzte. «Zig Millionen Menschen werden zweifellos verhungern», hieß es in dem Bericht, aber jeder Versuch, dies zu verhindern, könne «nur auf Kosten der Versorgung Europas gehen». Die Invasion, die im Juni 1941 begann, werde «ein Vernichtungskampf» werden, sagte Hitler seinen Generälen.

Die deutschen Truppen stürmten über die Grenze und rückten mit erstaunlicher Geschwindigkeit vor. Bereits im September fiel Kiew. Und im Dezember hatten erste Vorhuten die Ränder Moskaus erreicht. Es sah so aus, als hätte sich der hohe Einsatz gelohnt. Die Erfolge überdeckten jedoch gravierende logistische Schwierigkeiten, die mit der Versorgung einer riesigen Armee, die in feindliches Gebiet vorrückte, verbunden waren. Es war nicht einfach, Ausrüstung, Männer und Proviant bis an die Front zu transportieren, und die Deutschen stießen auf erbitterten Widerstand, insbesondere in Stalingrad.

So wie der Vormarsch in die Sowjetunion ins Stocken geriet, liefen auch anderswo die Ereignisse nicht nach Plan: Der deutsche Traum, über Nordafrika bis in den Nahen Osten vorzustoßen, kam nicht so schnell voran, wie erwartet. Die Briten besetzten sowohl Bagdad als auch Teheran, weil sie sich vor der prodeutschen Stimmung in der ganzen Region fürchteten. Sogar der Schah wurde gezwungen, zugunsten seines Sohns abzudanken. Der Iran hingegen wurde zu einer wichtigen Route für Waffen und Ausrüstung, die Großbritannien und die Vereinigten Staaten in die Sowjetunion schickten, um sie bei ihrem Kampf gegen die deutsche Armee zu unterstützen.

Diese ganze Entwicklung setzte die Deutschen militärisch unter Druck. Aber sie hatten überdies Schwierigkeiten mit der eigenen Nahrungsversorgung. Schon in den ersten Wochen nach der Invasion in der Sowjetunion hatte sich gezeigt, dass der Ertrag an Weizen und Getreide längst nicht so hoch war, wie erwartet. Das bedeutete, dass die Nahrungsversorgung in Deutschland dramatisch knapp wurde und eine große Hungersnot drohte. Um das zu verhindern, kürzte man die Essensration für Kriegsgefangene oder tötete sie gleich, damit man sie nicht länger durchfüttern musste.

Gleichzeitig dachten Männer wie Adolf Eichmann, ein

Churchill, Roosevelt und Stalin diskutierten mehrfach darüber, wie man den Krieg gewinnen konnte – und was geschehen sollte, wenn es so weit war.

hoher Offizier, über den Einsatz von Massenvernichtungsmethoden zur Ermordung der Juden nach. Aus ganz Europa hatte man die Juden bereits in Ghettos zusammengetrieben und hielt sie dort seit Beginn des Krieges unter unmenschlichen Bedingungen fest. Frauen, Kinder und andere, die nicht in der Lage waren, die schwere Arbeit, im Grunde Sklavenarbeit, zu leisten, wurden als Erste getötet. Im schlimmsten Völkermord der Menschheit wurden Millionen von Menschen kaltblütig ermordet. Auf Hebräisch spricht man von der «Schoah» – der Katastrophe, andere kennen das Verbrechen unter dem Namen Holocaust.

Im Jahr 1945 wurde Deutschland endlich von dem Bündnis besiegt, das Großbritannien, die Vereinigten Staaten und die Sowjetunion gebildet hatten. Die sowjetischen Soldaten rückten in Berlin ein, um das «Dritte Reich» zu zerschlagen, das nach Hitlers Versprechungen tausend Jahre währen sollte. In Wirklichkeit hatte es kaum zwölf Jahre Bestand.

Auch Japan wurde in dem Krieg zerstört. Es hatte sich auf Gedeih und Verderb mit Deutschland verbündet und in Südost- und Südasien und im Pazifik eine Reihe furchtbarer Feldzüge geführt, die großes Leid brachten. Der Krieg endete schließlich, als die Vereinigten Staaten eine neue Waffe über Hiroshima und Nagasaki einsetzten, die sie in Los Alamos in New Mexico entwickelt hatten. Es ist schier unmöglich, die Zerstörungskraft der Atombombe zu beschreiben. In den Jahren nach dem Zweiten Weltkrieg wurde die Waffe jedoch so sehr gefürchtet, dass Strategen bereits vom Ende der Menschheit sprachen, sollte jemals ein Atomkrieg ausbrechen.

Vor Kriegsende, nachdem alliierte Truppen in den Trümmern Berlins das Ende der Kampfhandlungen gefeiert hatten, fand eine Reihe von Konferenzen zwischen dem britischen Premierminister Winston Churchill, dem amerikanischen Präsidenten Franklin D. Roosevelt

und dem Sowjetführer Josef Stalin statt, um über die Welt nach Hitlers Niederlage zu sprechen. Diese drei Männer entschieden über das Schicksal von Millionen Menschen und das manchmal so «beiläufig» und «zynisch», dass Churchill darum bat, die Notizen zu verbrennen, damit man ihnen später nicht vorwerfen konnte, sie hätten mehr Probleme geschaffen als zu lösen.

Kaum zwölf Monate nach Kriegsende sprach man von einer neuen Konfrontation: diesmal zwischen der Sowjetunion und dem Westen. Ein Eiserner Vorhang hatte sich quer durch einen großen Teil Europas gezogen, nachdem ein Staat nach dem anderen unter direkte oder indirekte Kontrolle des kommunistischen Moskaus geriet. Manche Menschen, wie der in Moskau stationierte amerikanische Diplomat George Kennan, sahen eine düstere Zukunft voraus; Stalins Vorgehen gegen Nachbarstaaten und darüber hinaus schien nichts weniger als «die Erklärung des Dritten Weltkriegs».

Hitler mochte besiegt sein. Doch die Geschichte der zweiten Hälfte des 20. Jahrhunderts drehte sich um die Rivalität zwischen zwei Staaten, die so mächtig und ehrgeizig waren, dass man sie als «Supermächte» bezeichnete. Die beiden wetteiferten zwar auf unzählige Weise miteinander, doch eine vertraute Region hatte maßgeblich Anteil an dem, was sich in den folgenden fünfundvierzig Jahren ereignete: die Seidenstraßen.

KAPITEL FÜNFZEHN

Die Straße der Enttäuschung

Noch während des Zweiten Weltkriegs richteten sich die Überlegungen der Kabinette und Regierungsbehörden auf das Erdöl im Nahen und Mittleren Osten. Ein für die US-Regierung erstellter Bericht nannte das Öl dieser Region «den größten zu gewinnenden Preis in der Geschichte der Menschheit». Hinter den Kulissen wurden zwischen britischen und amerikanischen Unterhändlern Absprachen getroffen, doch diese gerieten rasch unter Druck, als lokale Herrscher ihre Muskeln spielen ließen und einen größeren Anteil am Profit verlangten.

Das bereitete vor allem Großbritannien Kopfzerbrechen, dessen Empire allmählich schrumpfte. Als man sich 1947 auf wenig durchdachte Weise aus Südasien zurückzog, hatte das zu einem Blutbad geführt: Britisch-Indien teilte sich in zwei neue Staaten auf, in Indien und Pakistan, und Millionen Menschen wurden niedergemacht, als Muslime und Hindus von einem Staat in den anderen umzogen. Auch die britischen Kolonien in Afrika warben für die Unabhängigkeit. Und der Krieg hatte Menschenleben und Geld gekostet. «Großbritannien steht am Rande des Bankrotts», stellte Dean Acheson fest, der US-Außenminister. Falls die Öleinnahmen einbrachen, würde auch Großbritannien zusammenbrechen.

Folglich stand sehr viel auf dem Spiel, als der führende iranische Politiker Mohammed Mossadegh versprach, die Ölindustrie zu verstaatlichen, und sich weigerte, mit den Briten zu verhandeln – wenn nötig werde er sogar «die Ölbrunnen mit Lehm verschließen». Als Mossadegh im Jahr 1951 Regierungschef wurde, beschlossen die Briten, dass es höchste

Der iranische Schah und seine Frau flüchteten 1953 nach Rom – aber nicht für lange.

Zeit zum Handeln war. Man setzte sich mit amerikanischen Geheimagenten in Verbindung, die schon einmal ausländische Politiker abgesetzt hatten, die sie für unzuverlässig oder hinderlich hielten. Mossadegh sollte auf ganz ähnliche Weise ausgeschaltet werden.

Das Ganze ging furchtbar schief. Man informierte den iranischen Schah im Vorfeld über die Verschwörung, und er floh aus dem Land – er nahm sich nicht einmal die Zeit, Socken anzuziehen. Danach wurde Mossadegh wegen fadenscheiniger Vorwürfe verhaftet, der Schah kehrte in vorgespieltem Triumph zurück und versprach seinem Volk, dass er doch sein Retter sei. Es war daher kein Wunder, dass «die Briten verhasst sind», wie ein Diplomat damals anmerkte. Die Perser hatten die Nase voll davon, nur ein Spielball zu sein und tun zu müssen, was Fremde wollten – Fremde, die zu allem bereit waren, um ihre Interessen zu schützen.

Und so ging es nicht nur den Menschen im Iran. Von Ägypten über Syrien, Irak und bis nach Afghanistan wurde die Rolle, die der Westen spielte, als egoistisch empfunden. Er schien bereit, mit jedem, der ihm in die Quere kam, ein doppeltes Spiel zu spielen. Hinzu kam die Gewohnheit des Westens, Politiker zu unterstützen, die unbeliebt und in manchen Fällen auch unangenehm waren. Bereitwillig wurden Staatsoberhäuptern Gelder zugeschoben, die wie Diktatoren auftraten und nur ihren engsten Familien- und Freundeskreis belohnten. Das trug dazu bei, dass die Gesellschaften immer ungleicher wurden. Der Reichtum der Leute an der Spitze schnellte in geradezu unverschämte Höhen, während die Menschen am unteren Rand nichts hatten.

Das war nicht nur ungerecht – es war auch dumm. Es war nicht allzu schwer, Anhänger zu finden, wenn man auf die offensichtlichen Mängel und Marotten der unfähigen Herrscher hinwies. Die Briten und Amerikaner wurden als maßgeblicher Bestandteil des Problems präsentiert. In manchen Fällen war das vielleicht unangebracht, aber es war schwer, gegen die offensichtlichen Fakten zu argumentieren. Im Jahr 1950 hatte etwa die Stadt Abadan, die Heimat einer der größten Ölraffinerien auf der Welt, so viel Strom wie eine einzige Straße in London, und es gab so wenige Schulen, dass nur zehn Prozent der Kinder zur Schule gehen konnten.

Mitte der 1950er Jahre nahmen die Menschen die Sache selbst in die Hand. Im Jahr

1956 kam es zur internationalen Krise, als britische und französische Fallschirmspringer versuchten, den Suezkanal zu sichern. Die Aktion verlief nicht nach Plan und stärkte nur die Stellung von General Nasser.

1956 übernahm in Ägypten General Gamal Abdel Nasser die Kontrolle über den Suezkanal und trotzte einer ausländischen militärischen Einmischung, und im Irak übernahm zwei Jahre später nach einem blutigen Putsch das Militär die Macht. Die Sowjets freuten sich und erklärten US-Präsident John F. Kennedy, dass die Länder der Seidenstraßen ihnen wie eine überreife Frucht in die Hände fallen würden. Daraufhin verstärkten die Amerikaner lediglich ihre Bemühungen, Verbündete um jeden Preis zu unterstützen: In einem verzweifelten Versuch, Partner zu kaufen, ließen sie Staatsoberhäuptern im Iran, in Pakistan und anderswo Waffen, Flugzeuge und Geld zukommen.

Es war eine Zeit großer Spannungen auf der Welt. Wegen der militärischen, wirtschaftlichen und politischen Rivalität zwischen den Vereinigten Staaten und der Sowjetunion drohte der Ausbruch eines neuen Krieges. Beide hatten Atomwaffen entwickelt, und das bedeutete, dass jede Auseinandersetzung eine weltweite Katastrophe herbeiführen konnte. Beide Seiten versuchten, den anderen mit Propaganda und wissenschaftlichen Errungenschaften zu übertreffen, etwa indem sie den ersten Mann ins All oder auf den Mond schickten. Allerdings kam es vielen wie eine Ironie der Geschichte vor, dass sich ausgerechnet die Vereinigten Staaten, «das Land der Freien und die Heimat der Tapferen» wie es in der Nationalhymne heißt, im Ausland als Vorkämpfer für die Freiheit aufspielten – denn im eigenen Land herrschten nicht nur Vorurteile gegen Afroamerikaner, sondern sie wurden sogar gesetzlich diskriminiert. Die 1950er und 1960er Jahre erlebten eine gewaltige Bürgerrechtsbewegung mit Figuren wie Martin Luther King Jr. an der Spitze, die sich leidenschaftlich für gleiche Rechte für alle Amerikaner einsetzten, unabhängig von der Hautfarbe. Letztlich wurden neue Gesetze verabschiedet, die allen Bürgern den gleichen Schutz bieten sollten.

Im Nahen Osten stiegen unterdessen die Öleinnahmen in den 1960er und 1970er Jahren rasant an, noch beschleunigt durch ernste Krisen wie den Sechs-Tage-Krieg und den Jom-Kippur-Krieg zwischen Israel und

Martin Luther King Jr.

seinen arabischen Nachbarstaaten, die den Ölpreis immer höher trieben. So konnten die Staaten auch mehr für Rüstung ausgeben. Allein der Iran steigerte seine Ausgaben 1963 von 293 Millionen Dollar jährlich auf 7,3 Milliarden Dollar nur fünfzehn Jahre später. Ein großer Teil dieses Geldes floss an amerikanische und britische Unternehmen, die mit dem Verkauf von Gewehren, Panzern, Düsenjets und dergleichen mehr große Gewinne erwirtschafteten. Dazu zählte auch die Technologie der Atomkraftwerke, die wiederum die Entwicklung von Atomwaffen möglich machte. Es sah ganz nach einem Szenario aus, bei dem der Westen nur gewinnen konnte: Erdölländer verkauften ihre Bodenschätze ans Ausland und gaben dann das eingenommene Geld aus, indem sie von dort teure Waffen einkauften. Für die entwickelten Länder, die diese herstellten, war das natürlich ein ideales Geschäft. Die große Mehrheit der iranischen Bevölkerung hatte jedoch kaum etwas davon.

Im Jahr 1979 kam es zu einer schlimmen Wende. Die Unruhe im Iran entlud sich in einer Revolution, in deren Verlauf der Schah abgesetzt wurde. An seiner Stelle übernahm der erbittert antiwestliche Führer Ayatollah Khomeini die Macht. «Die Welt braucht Öl», sagte Khomeini nicht lange danach. «Amerika braucht die Welt dagegen nicht. Andere Länder werden sich an diejenigen von uns wenden, die Öl haben, und nicht an euch.» Um die gleiche Zeit startete die Sowjetunion eine verheerende Invasion in Afghanistan, zum Teil aus Angst, dass sich das Land den Vereinigten Staaten zuwenden könnte, so wie sich der Iran von ihnen abgewandt hatte. Und im Herbst 1980 griff der Irak überraschend den Iran an und begann einen Krieg, der fast zehn Jahre andauern sollte.

Ayatollah Khomeini

Die Vereinigten Staaten beschlosen, den Irak massiv zu unterstützen. Sie versuchten, die irakische Wirtschaft zu stützen und die dringend benötigten Waffen zu liefern. Man verschloss sogar die Augen vor dem Einsatz chemischer Waffen, obwohl das gegen internationales Recht verstieß. Darüber hinaus trachtete Washington danach, zu Saddam Hussein, einem Mann, der die irakische Politik seit über einem Jahrzehnt dominierte, eine starke Beziehung aufzubauen.

Das Problem war jedoch, dass die Vereinigten Staaten neben der Unterstützung für den Irak auch Kontakt zum Iran aufnahmen – um auch diesem Land militärische Ausrüstung wie Raketensysteme und moderne Flugabwehrwaffen zu verkaufen. Das löste schließlich einen gigantischen Skandal aus, weil die Verkäufe zum einen geheim gewesen waren, aber auch, weil die Beteiligten ihre Rollen zu vertuschen versuchten. Um ein Haar hätte die Affäre den US-Präsidenten Ronald Reagan gestürzt. Notgedrungen musste er erklären, dass sein Gedächtnis einfach nicht mehr gut genug funktioniere, um sich noch an das zu erinnern, was er in der Vergangenheit genehmigt hatte.

Irakische Soldaten zündeten 1991 Ölquellen in Kuwait an, als sie von den Koalitionsmächten zum Abzug gezwungen wurden.

Noch größer wurde der Schaden, als Saddam Hussein herausfand, dass er selbst von seinem, wie er meinte, zuverlässigsten Bündnispartner betrogen worden war. Die Vereinigten Staaten, schäumte er vor Wut, setzten einen neuen Tiefpunkt «schlechten und unmoralischen Betragens». Dieser «Dolchstoß in den Rücken» sei schändlich. «Trauen Sie den Amerikanern nicht – die Amerikaner sind Lügner – trauen Sie den Amerikanern auf keinen Fall», ist ein hoher Berater auf Tonbändern zu hören, die später in Bagdad erbeutet wurden. Das tat Hussein auch nicht. Nach einem amerikanischen Geheimdienstbericht war der irakische Staatschef vielmehr davon überzeugt, dass die Vereinigten Staaten es «auf ihn persönlich» abgesehen hätten. In den folgenden Jahren trat Hussein immer aggressiver auf und startete im Jahr 1990 einen Überfall auf Kuwait, weil er schon seit geraumer Zeit ein Auge auf dessen Ölfelder geworfen hatte. Er hatte keinen großen internationalen Widerstand erwartet, doch genau darauf stieß er: Ein starkes Koalitionsheer versammelte sich, welches die irakischen Kräfte zurückdrängte und einen Waffenstillstand durchsetzte.

Anfang der 1990er Jahre schien die Welt eigentlich ein sicherer und ruhiger Ort zu sein. Die Sowjetunion hatte sich aus Afghanistan zurückgezogen, zum großen Teil dank der amerikanischen Finanzierung und Unterstützung für die Rebellen (die als die Mudschaheddin bekannt wurden und später die Basis für die Gruppe der Taliban bildeten). Sie erhielten enorme Mengen an Geld und Waffen, sodass eine Reihe von Kriegsherren eine beeindruckende Machtbasis aufbauen konnte. Die Berliner Mauer fiel, als der Kommunismus gestürzt wurde, und die Sowjetunion selbst brach wenig später in 15 unabhängige Staaten auseinander. In Südafrika endete die Apartheit, das System der Rassentrennung und Diskriminierung von Menschen aufgrund ihrer Hautfarbe. Auch China trat in eine Phase dramatischer Veränderungen ein, indem es sich von seiner geschlossenen, isolierten Stellung, die Mao Zedong geschaffen hatte, verabschiedete. Der ehemalige Führer hatte die Gräueltaten des sogenannten *Großen Sprungs nach vorn* und der Kulturrevolution zu verantworten, in deren Verlauf Millionen Menschen den Preis für den Traum vom Aufbau eines neuen Chinas gezahlt hatten. Künftig strebte man ein ganz anderes Modell des Fortschritts von Reformen und der Öffnung an.

Die Welt veränderte sich, scheinbar zum Besseren hin. Auf Saddam Hussein wurde weiterhin Druck ausgeübt, um ihn zum Abrüsten zu zwingen. Außerdem versuchte man, Terroristen wie Osama Bin Laden zu fassen. Hunderte kamen bei von ihm organisierten Anschlägen ums Leben, tausende wurden verletzt. In der arabischen Welt sympathisierten viele mit Bin Laden und seinen Behauptungen, die Muslime hätten schon viel zu lang die «Erniedrigung» und «Herabsetzung» durch den Westen ertragen.

Sämtliche Versuche, Bin Laden zu finden und aufzuhalten, hatten bis zu dem Moment keinen Erfolg gehabt, als 19 Männer am 11. September 2001 in den Vereinigten Staaten vier Passagierflugzeuge in ihre Gewalt brachten. Die Flugzeuge wurden absichtlich zum Absturz gebracht, zwei davon in Wolkenkratzer in New York City. Unzählige Menschen kamen ums Leben. Die Vereinigten Staaten wussten inzwischen, dass sich Bin Laden in Afghanistan aufhielt und forderten die Behörden auf, ihn auszuliefern. Diese lehnten ab.

Die für die Jagd auf den Terroristenführer ausgearbeiteten Pläne wurden zu einem ehrgeizigeren Projekt ausgeweitet. Neben der Ergreifung Bin Ladens hätten die Vereinigten Staaten auch die Gelegenheit, «die politische Weltkarte bedeutend zu verändern», sagte

Donald Rumsfeld, der US-Verteidigungsminister. Der Anschlag vom 11. September lieferte ihnen die Rechtfertigung, «neue Regime» nicht nur in einem, sondern gleich in mehreren Ländern an den Seidenstraßen einzusetzen: Afghanistan, sowie Irak und Iran. Die einzige Frage war, laut streng geheimen Unterlagen: «Wie anfangen?»

Die Antwort lautete, nach einem Anlass für einen Angriff auf den Irak suchen: Unter großem Aufwand wurde Saddam Hussein beschuldigt, er arbeite heimlich an einem Programm für den Bau von Massenvernichtungswaffen. In Wirklichkeit gab es keine Beweise dafür, aber amerikanische Geheimdienstberichte behaupteten, entsprechende Beweise zu besitzen. Man stellte Verbindungen zwischen dem Irak und Terroristen, auch Bin Laden her, obwohl auch diese gefälscht und viele auf der ganzen Welt nicht überzeugt waren. Sie hielten stattdessen Verhandlungen anstelle von militärischen Aktionen für den richtigen Weg.

Aber im Jahr 2003 begann ein massiver Angriff auf den Irak. Zu der Zeit hatten Luftangriffe und Bodentruppen die Taliban bereits aus Kabul und den großen Städten Afghanistans vertrieben. Der ehrgeizige Plan schien ganz dem Kurs zu entsprechen. Im März 2003 waren von den Vereinigten Staaten angeführte Koalitionstruppen auf Bagdad vorgerückt, hatten die Hauptstadt besetzt und begonnen, die Verwaltung Saddam Husseins – der sich versteckt hielt – aufzulösen. Man hatte sich kaum Gedanken darüber gemacht, wie es weitergehen sollte: Die amerikanischen Pläne für den, wie man meinte, einfachen Wiederaufbau des Irak, waren nicht nur optimistisch, sondern auch ziemlich schlicht. Das Land verfüge über große Ölvorkommen, sagten einige, also werde es ja imstande sein, «einen großen Teil der Lasten seines eigenen Wiederaufbaus zu tragen», und zwar schon bald. Außerdem werde man drei Jahre nach der Invasion nur eine kleine Streitmacht von 5000 Soldaten brauchen. Doch das war nur die Theorie.

Stattdessen hatte der Krieg verheerende Folgen. Das Land stürzte in Chaos und Gewalt. Schlimmer noch: Bin Laden entging Jahre lang immer wieder seinen Häschern und veröffentlichte höhnische Botschaften, mit denen er seine Anhänger zu weiteren Anschlägen gegen den Westen anspornte, bis man ihn im Jahr 2011 endlich aufspürte und tötete. Die Versuche, das Herz der Welt zu kontrollieren, waren gescheitert – noch dazu vor den Augen der ganzen Öffentlichkeit. Es war an der Zeit, nach neuen Antworten Ausschau zu halten.

KAPITEL SECHZEHN

Die neue Seidenstraße

Im September 2013 hielt der Präsident von China Xi Jinping in Astana, der Hauptstadt von Kasachstan, eine Rede. Seit mehr als zweitausend Jahren, verkündete er, hätten die Völker der Region, die Ost und West miteinander verbindet, trotz der «Unterschiede in Rasse, Glauben und kulturellem Hintergrund» miteinander gelebt, zusammengearbeitet und wären aufgeblüht. Es sei lebenswichtig, fuhr er fort, dass China «freundschaftliche, kooperative Beziehungen zu den zentralasiatischen Ländern» entwickle. Deshalb kündigte der Präsident das ehrgeizige Projekt an, einen «Seidenstraßen-Wirtschaftsgürtel» zu schaffen, der die Wirtschaftsbeziehungen vertiefen, den Handel fördern und die Kommunikation verbessern sollte.

Das von China angeführte Projekt, das später den Namen «One Belt, One Road»-Initiative bekam, zeigt bereits erste Wirkung. Milliarden Dollar werden für den Bau von Straßen, Brücken und Hochgeschwindigkeitstrassen sowie in Kraftwerke, Pipelines, Tiefwasserhäfen und Flugplätze investiert. Vor allem hat China ein Auge auf Länder mit Bodenschätzen, Waren und Märkten geworfen, die für die eigene langfristige Entwicklung von Interesse sind. Viele Länder Zentralasiens sind beispielsweise reich an Öl, Gas, Aluminium, Kupfer und Uran, das für Atomkraftwerke unverzichtbar ist.

Die von China vorgeschlagenen Investitionen haben atemberaubende Dimensionen, und das gilt auch für das gesetzte Ziel und den potenziellen Einfluss auf Volkswirtschaften in der Region und darüber hinaus. Sie sind durch die grundlegenden Veränderungen in den weltweiten Handelsmustern ermöglicht worden, die im Laufe der vergangenen drei Jahrzehnte eingetreten sind. Seit 1990 ist der Reichtum Asiens dramatisch angestiegen. Die Besitzer berühmter Fußballmannschaften wie Paris Saint-Germain, FC Chelsea, Manchester City oder AC Mailand stammen vom Persischen Golf, aus Russland und aus China. Das gilt auch für einige weltberühmte Unternehmen: Sainsbury's, Miramax Studios und Disneyland haben alle große Aktionäre, die aus dem aufstrebenden Osten kommen.

Heute werden vom Golf bis zur chinesischen Pazifikküste mit außergewöhnlicher Geschwindigkeit Kunstgalerien, Universitäten und Schulen gebaut, während Asiens Reichtum rasant wächst. In Städten wie Dubai, Doha, Kuala Lumpur, Shanghai oder Astana – Städte, die an die Oasen der alten Seidenstraßen erinnern – kann man die Dynamik und den Optimismus förmlich mit Händen greifen.

Die zwischen dem östlichen Mittelmeer und der Pazifikküste liegenden Länder bemühen sich außerdem eifrig um bessere Beziehungen untereinander. Einrichtungen wie die Kooperationsorganisation von Shanghai, der Türkische Rat und die Eurasische Wirtschaftsunion sowie die Beteiligung am «Seidenstraßen-Wirtschaftsgürtel» haben allesamt zum Ziel, die Kontakte zu intensivieren und die Hindernisse für den Handel entlang der Seidenstraßen abzubauen.

Der Aufwärtstrend Asiens hat jedoch noch etliche Hindernisse vor sich. Es ist nicht immer einfach, große Investitionsprojekte wunschgemäß zu vollenden. Außerdem reagiert man vor allem in den USA und in Europa auf die Globalisierung, indem man wieder verstärkt über Barrieren, Zölle und den Schutz der eigenen Wirtschaft diskutiert. Mehrere Nachbarstaaten im Osten haben ein gespanntes Verhältnis miteinander, sodass Zusammenarbeit einfacher klingt, als sie in der Realität ist. Die Beziehungen zwischen Pakistan und Indien sowie zwischen dem Iran und Saudi-Arabien etwa sind häufig nicht nur schwierig, sondern sogar konfliktträchtig. Hinzu kommen neue Probleme wie die Bedrohungen, die von ISIS, Al-Qaida und anderen Terrororganisationen ausgehen, deren Ziel es ist, Zwietracht statt Frieden zu säen.

Wenn wir etwas aus der Geschichte lernen können, so ist es die Tatsache, dass Menschen in Wirklichkeit häufig sowohl flexibel als auch pragmatisch sind, wenn es um die Planung einer friedlichen Zukunft geht. Immerhin geht Stabilität einher mit Wohlstand, Toleranz und einer Welt, in der sich jeder Einzelne frei entfalten kann. In den ersten beiden Jahrzehnten des 21. Jahrhunderts schien jederzeit eine Krise ausbrechen zu können. Doch ein Thema ist dabei unübersehbar geblieben: Die Seidenstraßen wachsen zu neuer Blüte heran.

DANKSAGUNG

Ich habe dieses Buch sehr gern geschrieben, und es war mir eine große Freude, mit Neil Packer zusammenzuarbeiten, um «Die Seidenstraßen» einer jungen Leserschaft zu vermitteln. Ein großer Dank geht an Saskia Gwinn und Claire Jones von Bloomsbury – sie waren auf jede erdenkliche Weise großartig, und ohne sie hätte ich dieses Buch nicht machen können. Ebenfalls danke ich Catherine Clarke von Felicity Bryan, die irgendwie immer meine Gedanken lesen kann; außerdem dem Direktor und meinen Kollegen am Worcester College sowie meinen Kollegen an der Geschichtsfakultät von Oxford für ihre fortwährende Unterstützung.

Wie immer gebührt meiner Frau Jessica besonderer Dank – ihre Ermutigungen, ihre Geduld und Liebe stehen zwischen jeder Zeile. Sie weiß, was dieses Buch mir bedeutet, denn wir haben unsere geliebten Kinder von Beginn an dazu erzogen, dass man die Vergangenheit verstehen muss, wenn man die Gegenwart begreifen will; dass man die gesamte Welt betrachten muss, nicht bloß einen Teil davon. Dieses Buch ist euch gewidmet, Katarina, Flora, Francis und Luke – zuallererst, weil ich es für euch geschrieben habe, aber auch, weil ihr für mich eine größere Inspiration gewesen seid, als ihr jemals wissen könnt.

PETER FRANKOPAN

Cusco, Peru, April 2018